Nikki Buschs überraschender
Mein dicker Spaß- und Rätselblock

Ab 8 Jahren

jippi

yeah

70

AF197738

Dieser Block gehört:

CARLSEN

Rätseln, Malen, Schreiben, Rechnen, Knobeln und Lachen

Viel Spaß mit dem Spaß- und Rätselblock!

DU BRAUCHST DAFÜR:

* Stifte, am besten bunte
* Lust und Laune
* deinen Kopf

Du kannst auf der Seite anfangen, die dir am besten gefällt, oder den Block von vorne nach hinten durchknobeln. Auf den Seiten 140–158 findest du Spiele, die du mit deinen Freunden oder der Familie gemeinsam spielen kannst. Du erkennst sie an den zwei Männchen 👫 unter der Seitenzahl. Zeig, was für ein wunderbarer Rätselfuchs in dir steckt, und fang an!

Ritterspiele

In diesem Buchstabengitter verstecken sich waagerecht, senkrecht und diagonal folgende Ritterbegriffe:

BURGFRÄULEIN ⋆ **HARNISCH** ⋆ **HELM**
KETTENHEMD ⋆ **LANZE** ⋆ **MITTELALTER**
PFERD ⋆ **SCHILD**

B	U	R	G	F	R	Ä	U	L	E	I	N	Q	W	E
R	T	Z	U	I	O	P	Ü	A	S	D	F	G	H	K
J	H	K	L	Ö	M	Ä	M	N	B	L	A	N	Z	E
V	A	C	X	D	S	Y	A	Ü	P	O	I	U	Z	T
T	R	R	E	W	Q	A	S	F	H	R	D	G	H	T
N	N	G	F	T	Z	H	J	M	E	K	L	Ä	F	E
Y	I	C	S	D	B	B	N	T	G	H	M	J	U	N
R	S	T	D	F	H	B	L	N	M	K	H	G	Z	H
D	C	R	M	Ö	U	A	I	S	N	H	L	E	R	E
A	H	S	D	W	L	Q	R	C	M	K	J	U	I	M
M	N	B	V	E	C	X	S	H	Y	P	F	E	R	D
A	S	D	T	F	G	H	J	I	K	L	I	Ä	H	Z
H	G	T	R	E	W	H	E	L	M	S	A	G	T	U
Y	I	X	Q	M	H	R	E	D	D	K	L	U	I	M
M	F	Ä	B	H	N	K	I	L	O	P	R	Ä	I	L

Lösung auf der nächsten Seite

Lösung:

B	U	R	G	F	R	Ä	U	L	E	I	N	Q	W	E
R	T	Z	U	I	O	P	Ü	A	S	D	F	G	H	K
J	H	K	L	Ö	M	Ä	M	N	B	L	A	N	Z	E
V	A	C	X	D	S	Y	A	Ü	P	O	I	U	Z	T
T	R	E	W	Q	A	S	F	H	R	D	G	H	T	T
N	N	G	F	T	Z	H	J	M	E	K	L	Ä	F	E
Y	I	C	S	D	B	B	N	T	G	H	M	J	U	N
R	S	T	D	F	H	B	L	N	M	K	H	G	Z	H
D	C	R	M	Ö	U	A	I	S	N	H	L	E	R	E
A	H	S	D	W	L	Q	R	C	M	K	J	U	I	M
M	N	B	V	E	C	X	S	H	Y	P	F	E	R	D
A	S	D	T	F	G	H	J	I	K	L	I	Ä	H	Z
H	G	T	R	E	W	H	E	L	M	S	A	G	T	U
Y	I	X	Q	M	H	R	E	D	D	K	L	U	I	M
M	F	Ä	B	H	N	K	I	L	O	P	R	Ä	I	I

Male zum Pferd einen mutigen Ritter!

Fischschwarm

Wie viele Fische von jeder Art kannst du hier erkennen?
Zähle nach.

Lösung auf der nächsten Seite

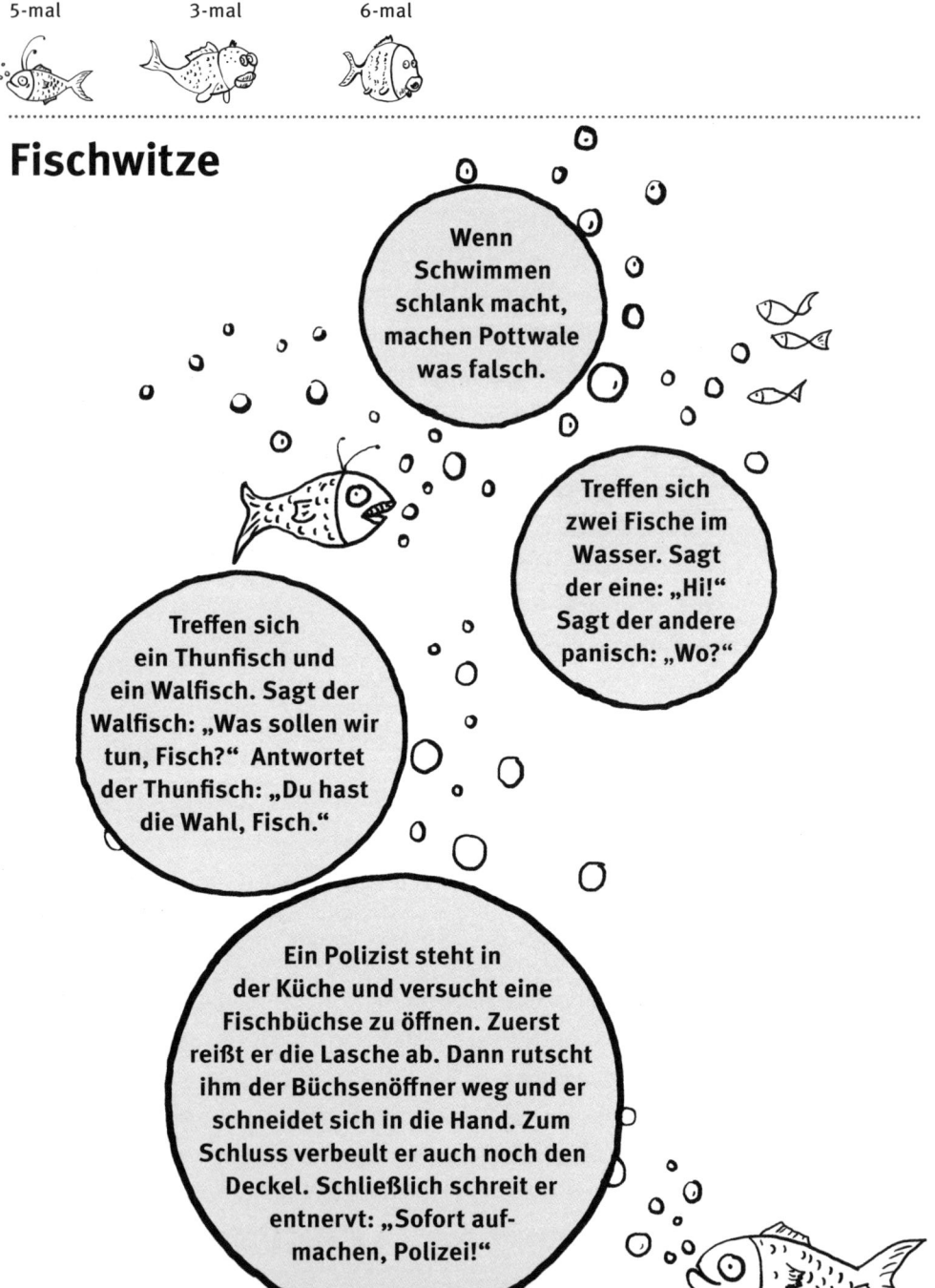

Fischwitze

Wenn Schwimmen schlank macht, machen Pottwale was falsch.

Treffen sich zwei Fische im Wasser. Sagt der eine: „Hi!" Sagt der andere panisch: „Wo?"

Treffen sich ein Thunfisch und ein Walfisch. Sagt der Walfisch: „Was sollen wir tun, Fisch?" Antwortet der Thunfisch: „Du hast die Wahl, Fisch."

Ein Polizist steht in der Küche und versucht eine Fischbüchse zu öffnen. Zuerst reißt er die Lasche ab. Dann rutscht ihm der Büchsenöffner weg und er schneidet sich in die Hand. Zum Schluss verbeult er auch noch den Deckel. Schließlich schreit er entnervt: „Sofort aufmachen, Polizei!"

Drunter und drüber

Verändere die Reihenfolge der Kästchen immer so, dass jeweils
die obere und untere Buchstabenreihe ein Wort ergibt!
Der erste Buchstabe in jeder Reihe ist immer fett geschrieben.

1

A	F	L	B	A	L
T	L	E	E	L	R

2

U	A	N	D	M	E
H	C	E	S	N	E

3

L	Z	T	G	E	A
I	E	S	K	N	S

Lösung auf der nächsten Seite

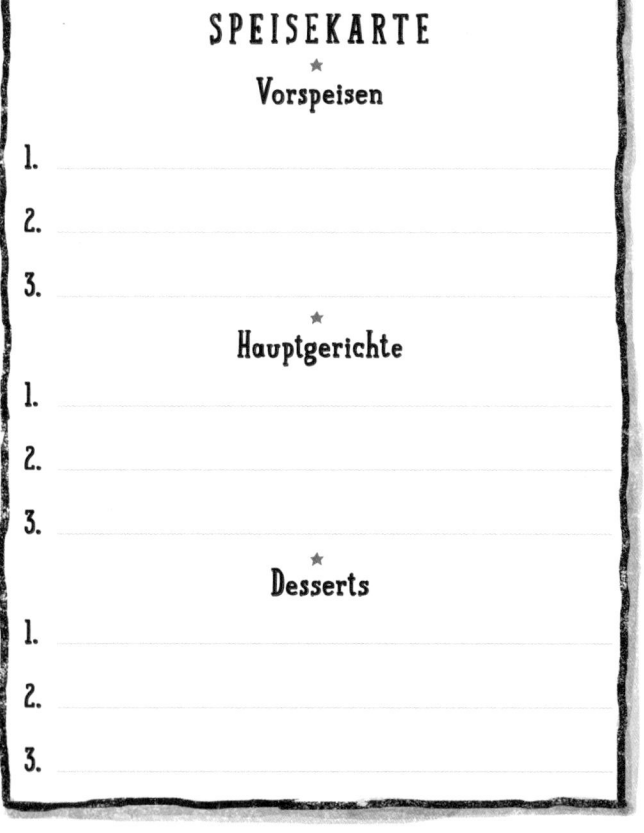

Lösung:

❶

A	F	L	B	A	L
T	L	E	E	L	R
A	B	F	A	L	L
T	E	L	L	E	R

❷

U	A	N	D	M	E
H	C	E	S	N	E
D	A	U	M	E	N
S	C	H	N	E	E

❸

L	Z	T	G	E	A
I	E	S	K	N	S
G	L	A	T	Z	E
K	I	S	S	E	N

Speisekarte

Schreibe eine Speisekarte mit jeweils drei deiner Lieblingsgerichte!

SPEISEKARTE

★
Vorspeisen

1.

2.

3.

★
Hauptgerichte

1.

2.

3.

★
Desserts

1.

2.

3.

Schöne Dinge

Die Freundinnen Lena, Lina und Luna wollen heute ihr gespartes Taschengeld ausgeben. Wer kauft was und wie viel Geld geben die Mädchen dafür aus? Zähle dafür die entsprechenden Zahlen auf den Linien zusammen!

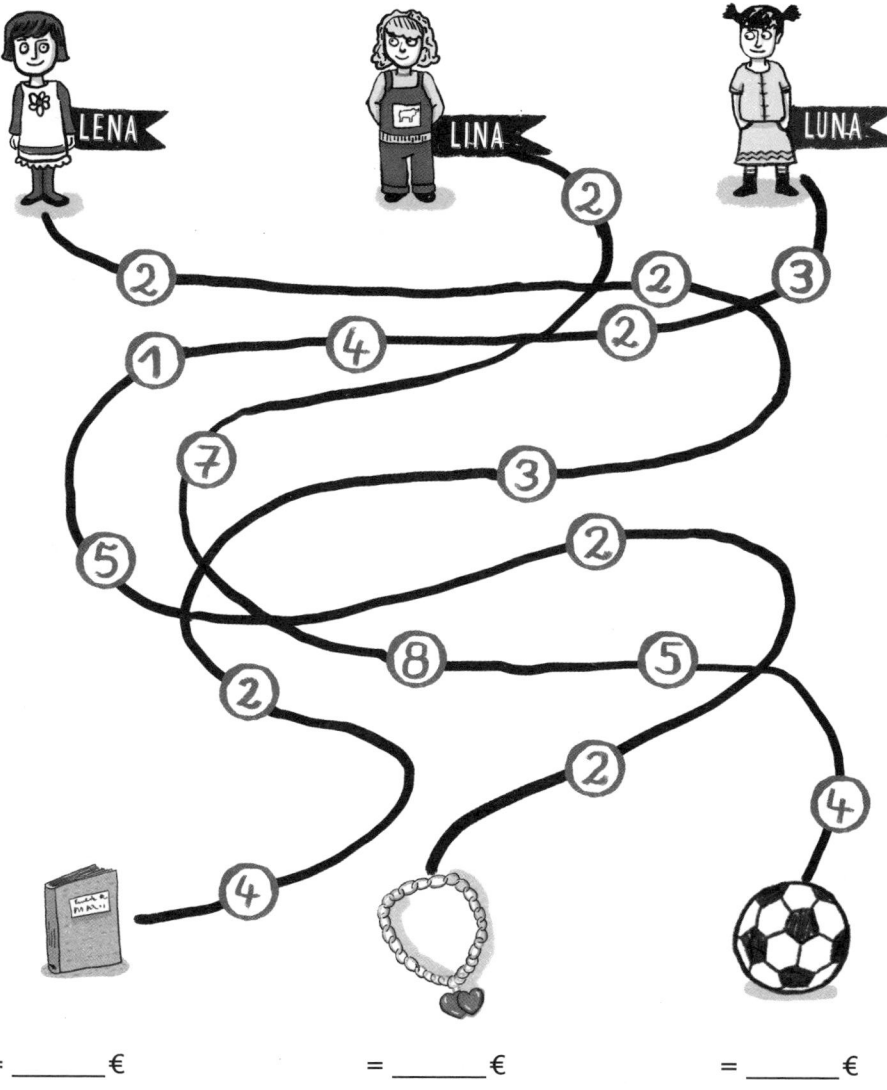

= _____ €   = _____ €   = _____ €

Lösung auf der nächsten Seite

Male bunte Perlen und Steine auf die Kette!

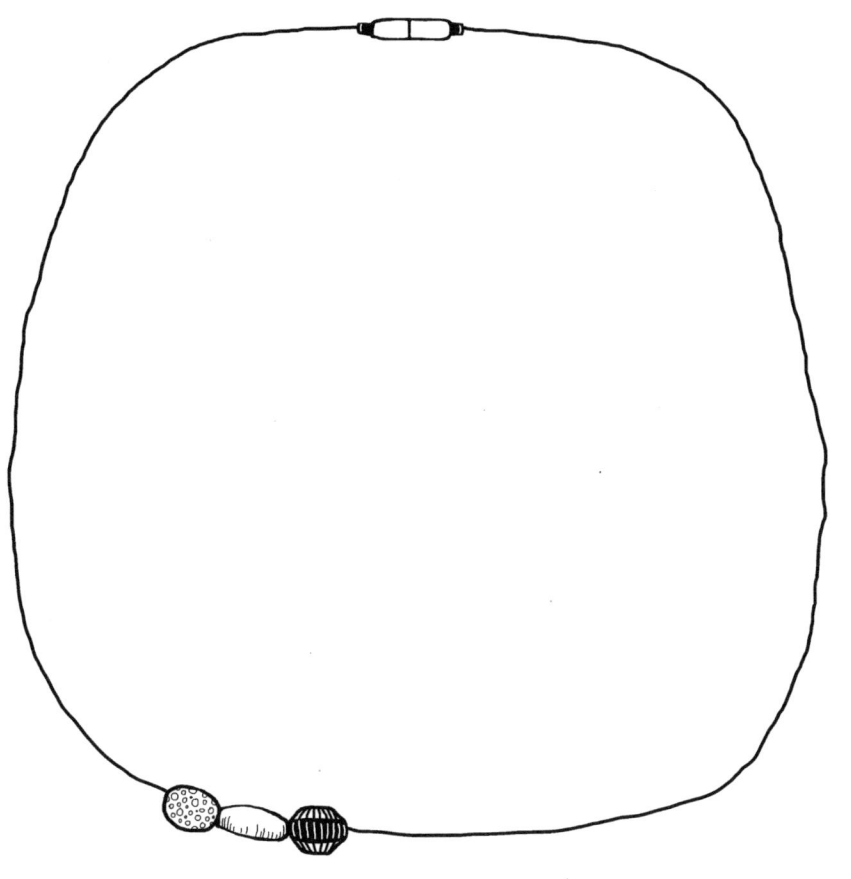

Wegradiert

Male in die leeren Kästchen die fehlenden Symbole in der richtigen
Reihenfolge ein!

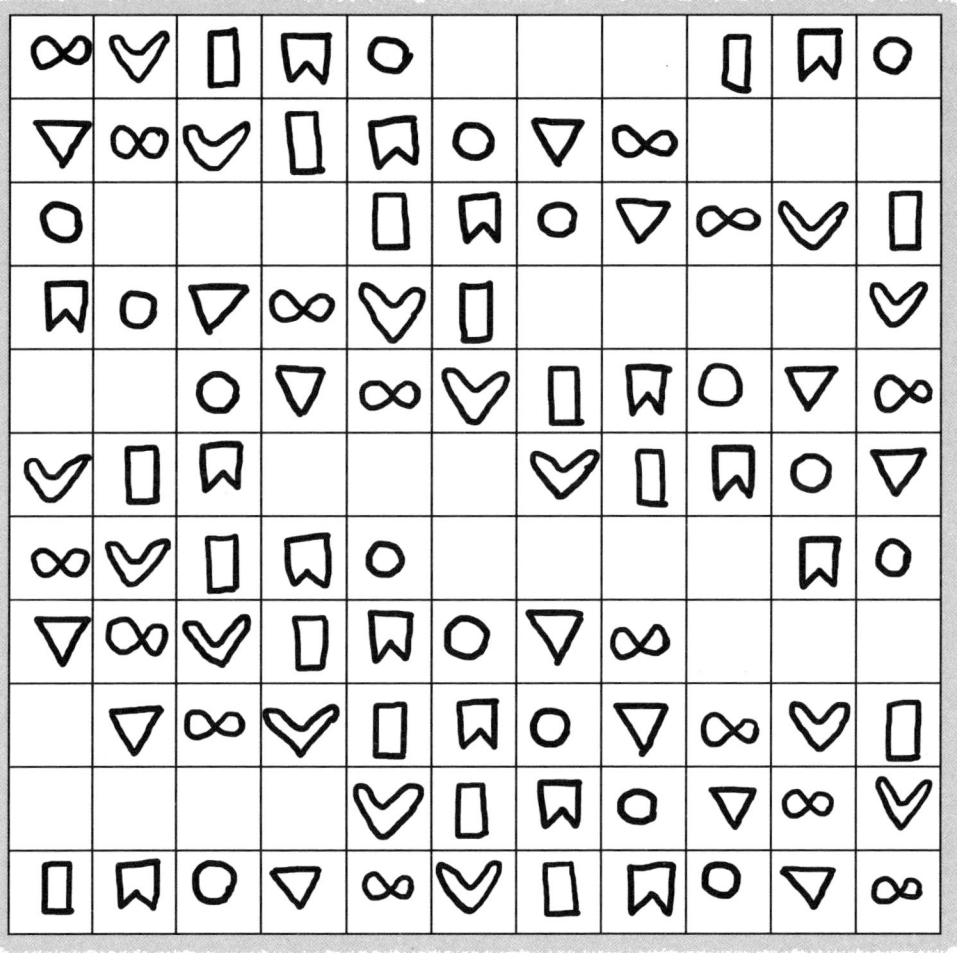

Lösung auf der nächsten Seite

Male die Seite mit bunten Achterschleifen voll!

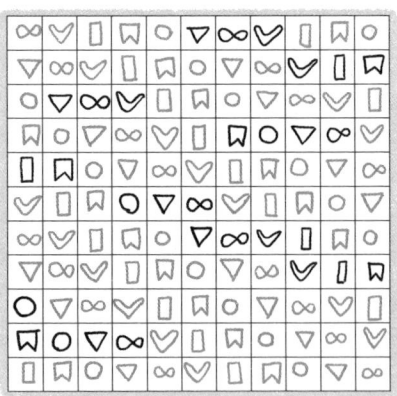

Lösung:

Bienen und Blumen

Auf den Blumen stehen Rechenaufgaben und auf den Bienen das Ergebnis.
Verbinde die Blumen-Aufgaben und das dazu passende Bienen-Ergebnis
jeweils mit einem Strich!

Lösung auf der nächsten Seite

Lösung:
Biene 42 = 6 · 7 | 60 – 18 | 20 + 22
Biene 49 = 7 · 7 | 36 + 13 | 52 – 3
Biene 64 = 8 · 8 | 25 + 39 | 100 – 36
Biene 72 = 9 · 8 | 5 + 67 | 101 – 29

Gänseblümchen

Drei Gänseblümchen tragen eine Zahl, die durch 7 teilbar ist.

Kreuze sie an!

Das Gegenteil

Verbinde immer ein Tunwort mit seinem Gegenteil!

lachen	erinnern
vergessen	gewinnen
kommen	schlendern
rennen	gehen
brüllen	schließen
öffnen	sprechen
verlieren	weinen
schweigen	flüstern

Lösung auf der nächsten Seite

Lösung:

lachen	›	weinen
vergessen	›	erinnern
kommen	›	gehen
rennen	›	schlendern
brüllen	›	flüstern
öffnen	›	schließen
verlieren	›	gewinnen
schweigen	›	sprechen

Tuschkästen

Im Klassenzimmer stehen drei Reihen mit jeweils fünf Tischen.
An jedem Tisch sitzen zwei Kinder. Jedes Kind muss für den
Kunstunterricht einen Tuschkasten für 3 Euro kaufen.
Wie viel kosten alle Tuschkästen zusammen?

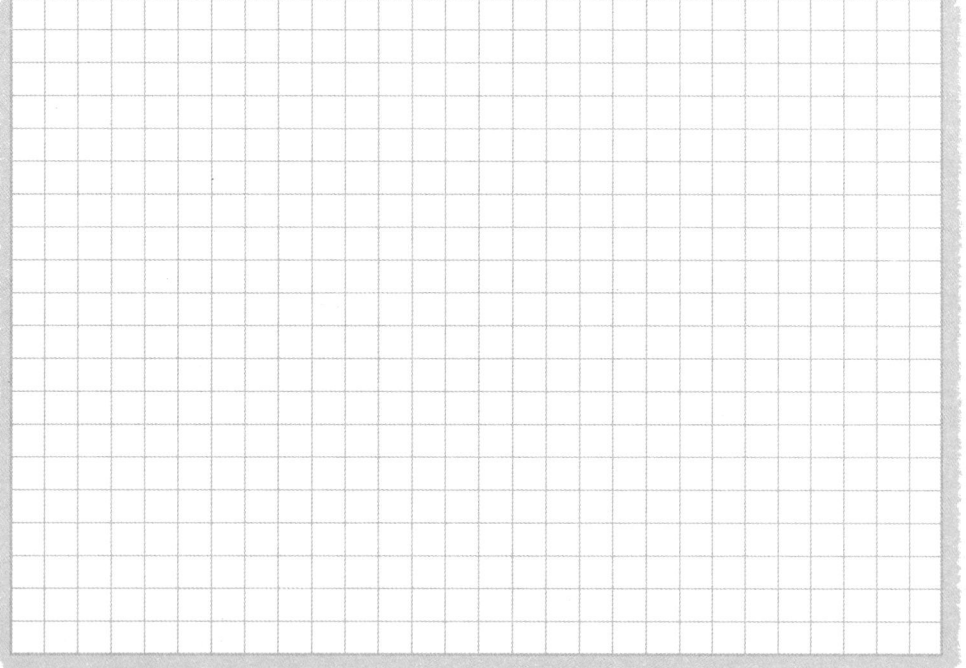

Sonnenschirme

Immer zwei Sonnenschirme sehen genau gleich aus.
Nur einer hat keinen Zwilling. Welcher ist das?

Lösung auf der nächsten Seite

Lösung:

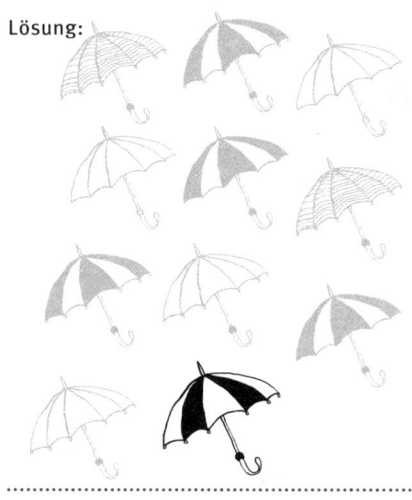

Mein bunter Sonnenschirm

Male auf den Sonnenschirm ein Muster und dann alles bunt aus!

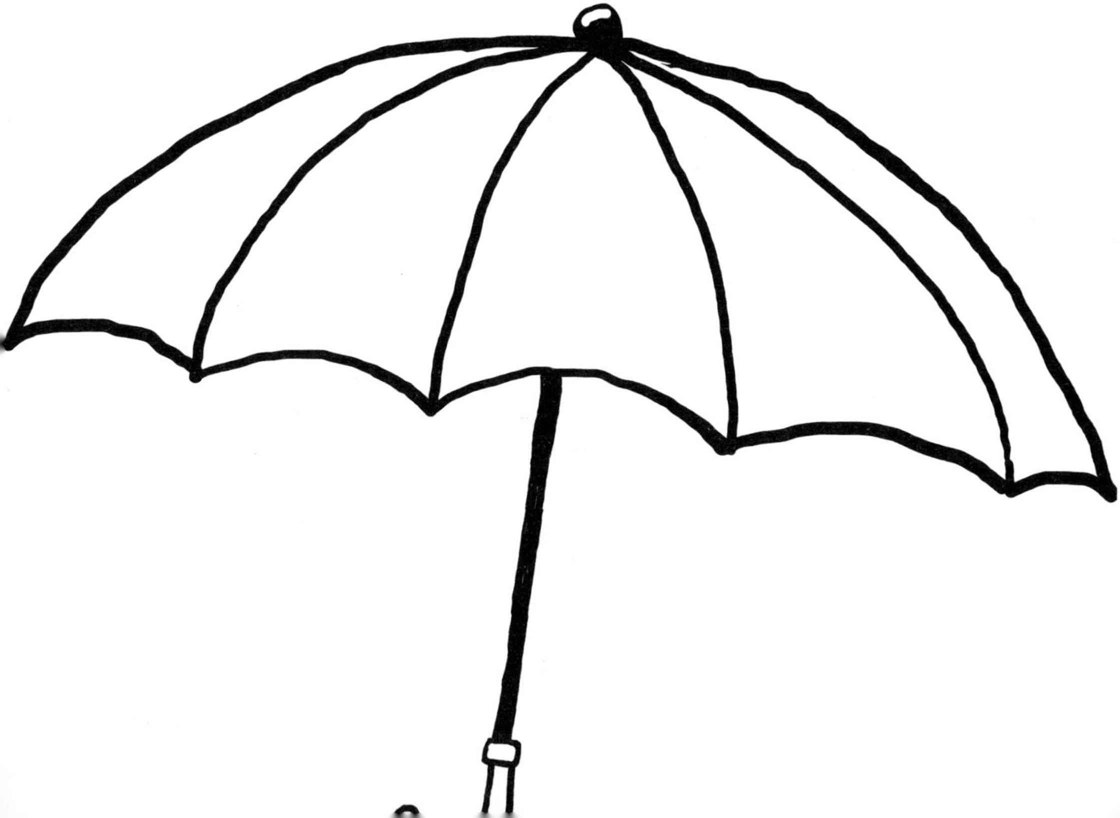

Unterricht

Kannst du die Silben mit einer Linie zu je einem Unterrichtsfach verbinden?

thik

on

Ma

Sach

ma

lisch

Eng

gi

Wer

li

tik

sik

kun

de

Re

E

ken

Mu

the

Lösung auf der nächsten Seite

Lösung: Mathematik | Sachkunde | Englisch | Werken | Religion | Ethik | Musik

Noch mehr Schulfächer

Die Buchstaben dieser Fächer sind durcheinandergeraten.
Schreibe die Namen der Fächer richtig auf!

Schtude = _____

Trops = _____

Stunk = _____

Schreibe die Namen deiner Lehrer *innen auf und verdrehe dann
die Buchstaben! Welche lustigen Namen kommen dabei heraus?

_____ = _____

_____ = _____

_____ = _____

_____ = _____

_____ = _____

_____ = _____

Lösung: Deutsch | Sport | Kunst

Abzählreim

Der Buchstabenteufel hat hier einige Buchstaben geklaut.
Schreibe die fehlenden Buchstaben in den Reim und zähle dann nach,
wie oft der Buchstabe „e" oder „E" insgesamt vorkommt!

Ei__e klein__ Dic__mad__m

fu__r ma__ __it der Eise__b__hn.

__ickmadam, die lach__e,

Ei__enbahn, die k__achte.

__ins, z__ei, d__ei,

und __u bis__ __rei.

E/e = __ __ -mal

Lösung auf der nächsten Seite

Lösung: <u>E</u>ine kl<u>ei</u>n<u>e</u> Dickmad<u>a</u>m
fuhr mal mit d<u>er</u> <u>E</u>is<u>e</u>nbahn.
Dickmadam, di<u>e</u> lacht<u>e</u>,
<u>E</u>is<u>e</u>nbahn, di<u>e</u> kracht<u>e</u>.
<u>E</u>ins, zw<u>ei</u>, dr<u>ei</u>,
und du bist fr<u>ei</u>.
Das „E/e" kommt 17-mal vor.

Welchen lustigen Abzählreim kennst du?
Schreibe ihn auf.

Am Anfang steht ein ...

Welcher Anfangsbuchstabe kommt am häufigsten vor?
Schreibe die Tiernamen auf und zähle dann ab!

_ _ _ _ _   _ _ _ _ _ _ _ _   _ _ _ _ _

_ _ _ _ _ _   _ _ _ _ _ _

_ _ _ _ _ _

_ _ _ _ _ _ _ _

K = ____ -mal

S = ____ -mal

_ _ _ _ _ _ _ _ _

F = ____ -mal

_ _ _ _ _ _ _ _ _

Z = ____ -mal

Lösung auf der nächsten Seite

Lösung: K = 4-mal (Kuh, Känguru, Kamel, Krebs)
    S = 3-mal (Spinne, Schnecke, Schildkröte)
    F = 2-mal (Fuchs, Flamingo)
    Z = 1-mal (Zebra)

Male der Schnecke ein buntes Schneckenhaus!

Rechtecke vergleichen

Welche beiden Rechtecke sind genau gleich? Achte darauf, dass manche
Rechtecke senkrecht stehen. Kreuze an.

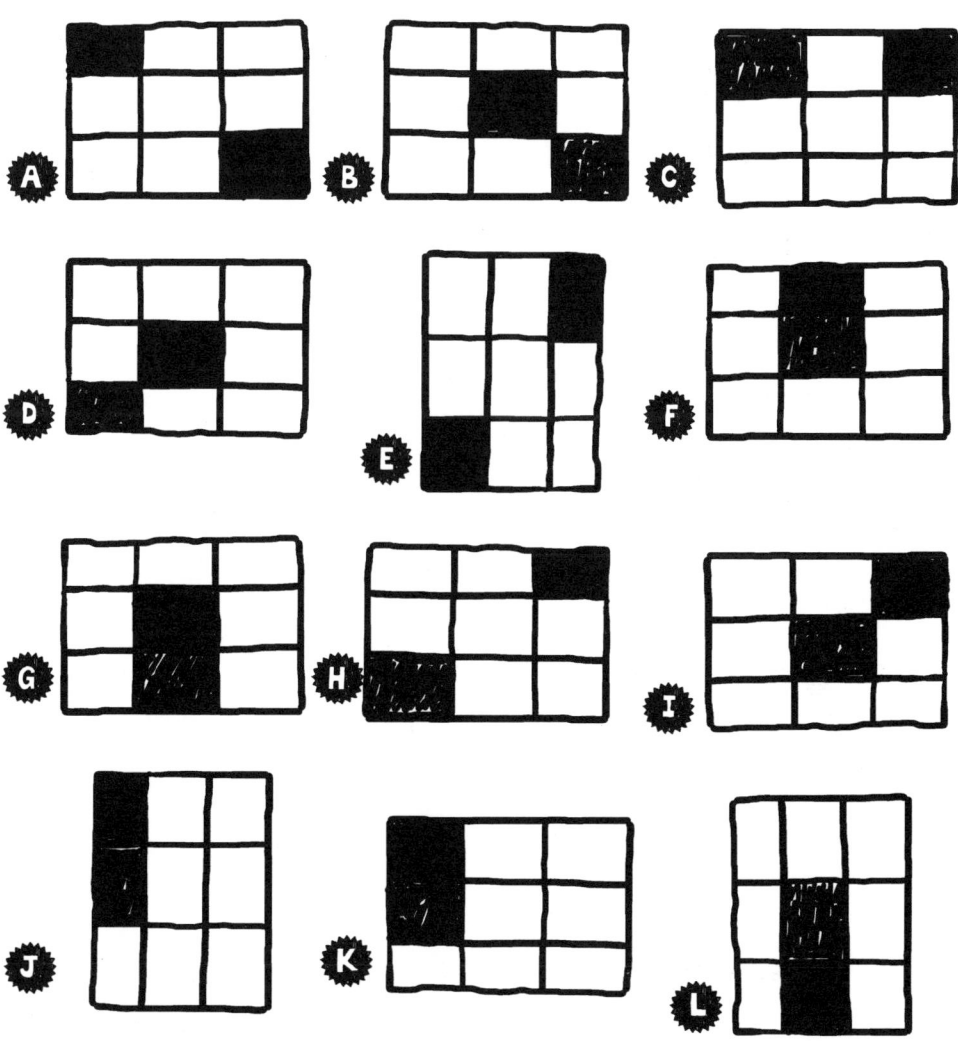

Lösung auf der nächsten Seite

Lösung: Die Rechtecke A und E sind gleich.

Male auf den Karozettel ein buntes Muster!

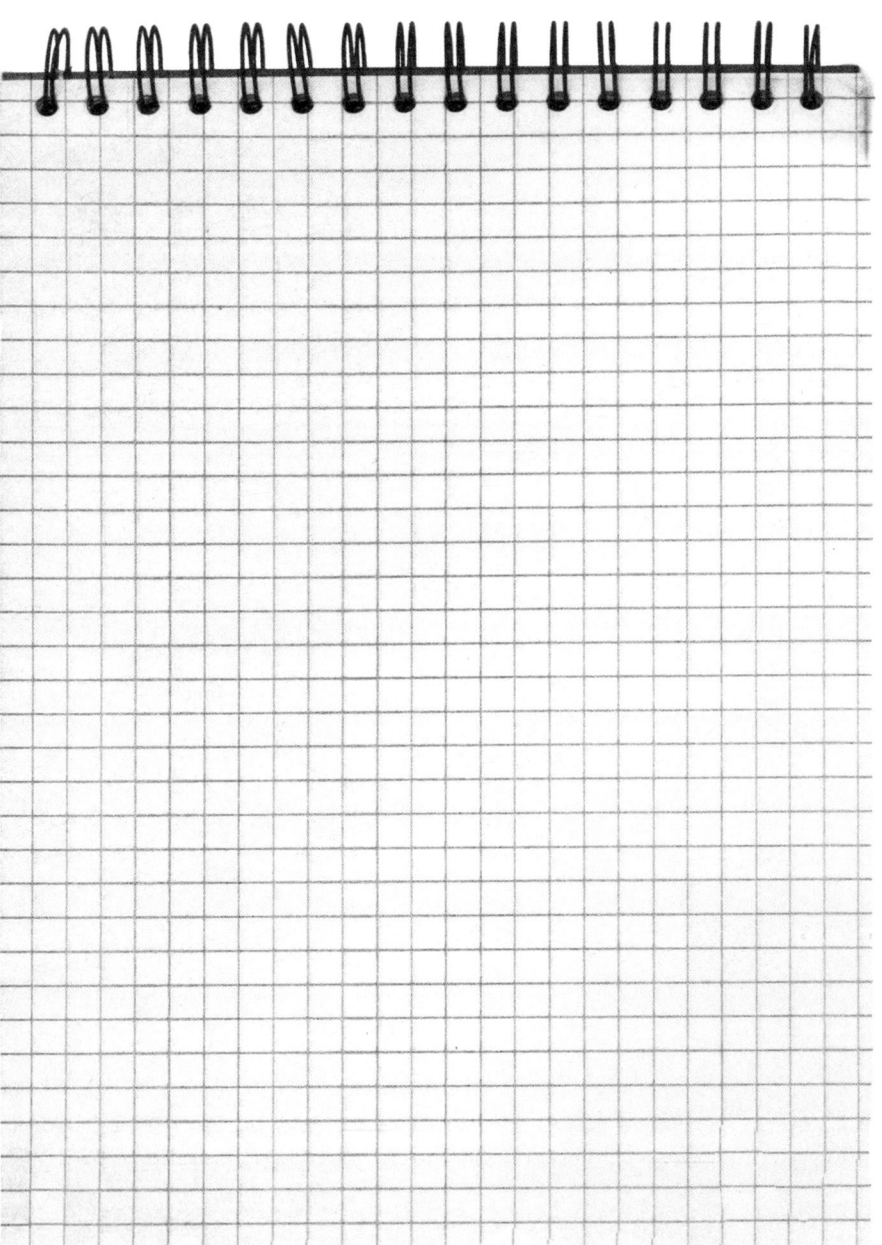

Holzstapel

Fülle die leeren Felder auf den Baumstämmen so aus, dass die Summe
zweier nebeneinanderliegender Zahlen jeweils die Zahl darüber ergibt.

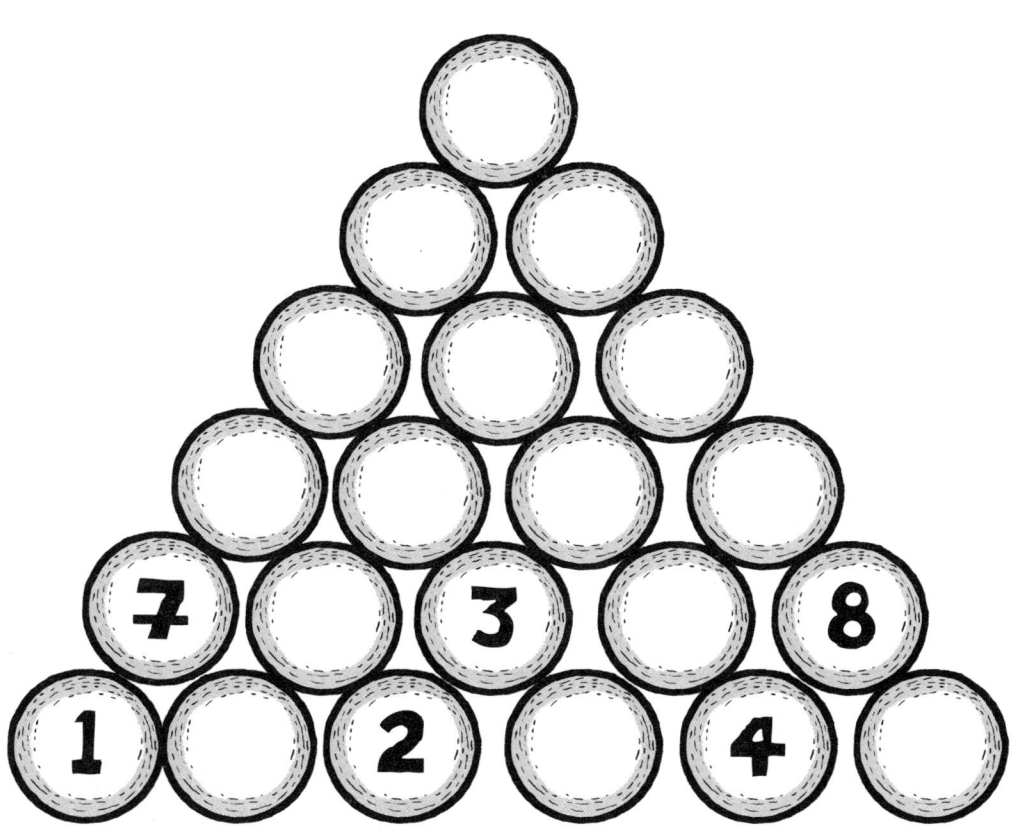

Lösung auf der nächsten Seite

Lösung:

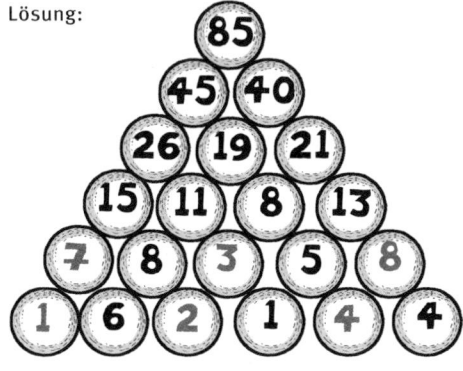

Nagekäfer

Wie heißt das Insekt, das sich gern durch alte Möbel frisst?

Setze die Buchstaben in die richtige Reihenfolge.

Der Anfangsbuchstabe ist unterstrichen.

LÖSUNGSWORT: _____

Lösung: HOLZWURM

Zahlenobst

Kriegst du raus, welche Obstsorte für welche Zahl steht?
Und kannst du dann die verflixte fünfte Rechenaufgabe lösen?

🍓 + 🍓 + 🍓 + 🍓 = 40

🍓 + 🍐 + 🍐 + 🍐 = 19

🍓 − 🍐 − 🍎 − 🍎 = 3

🍓 + 🍐 + 🍎 − 🍌 = 10

🍓 + 🍐 − 🍎 − 🍌 = __

Welches Obst steht für welche Zahl?

🍓 = __   🍐 = __

🍎 = __   🍌 = __

Lösung auf der nächsten Seite

**Male der Erdbeerpflanze ganz viele
rote Erdbeeren an!**

= 10   = 3   = 2   = 5

Lösung:

+   −   −   = 6

Hobby-Kreuzworträtsel

Löse das Kreuzworträtsel! („ß" = 1 Buchstabe)

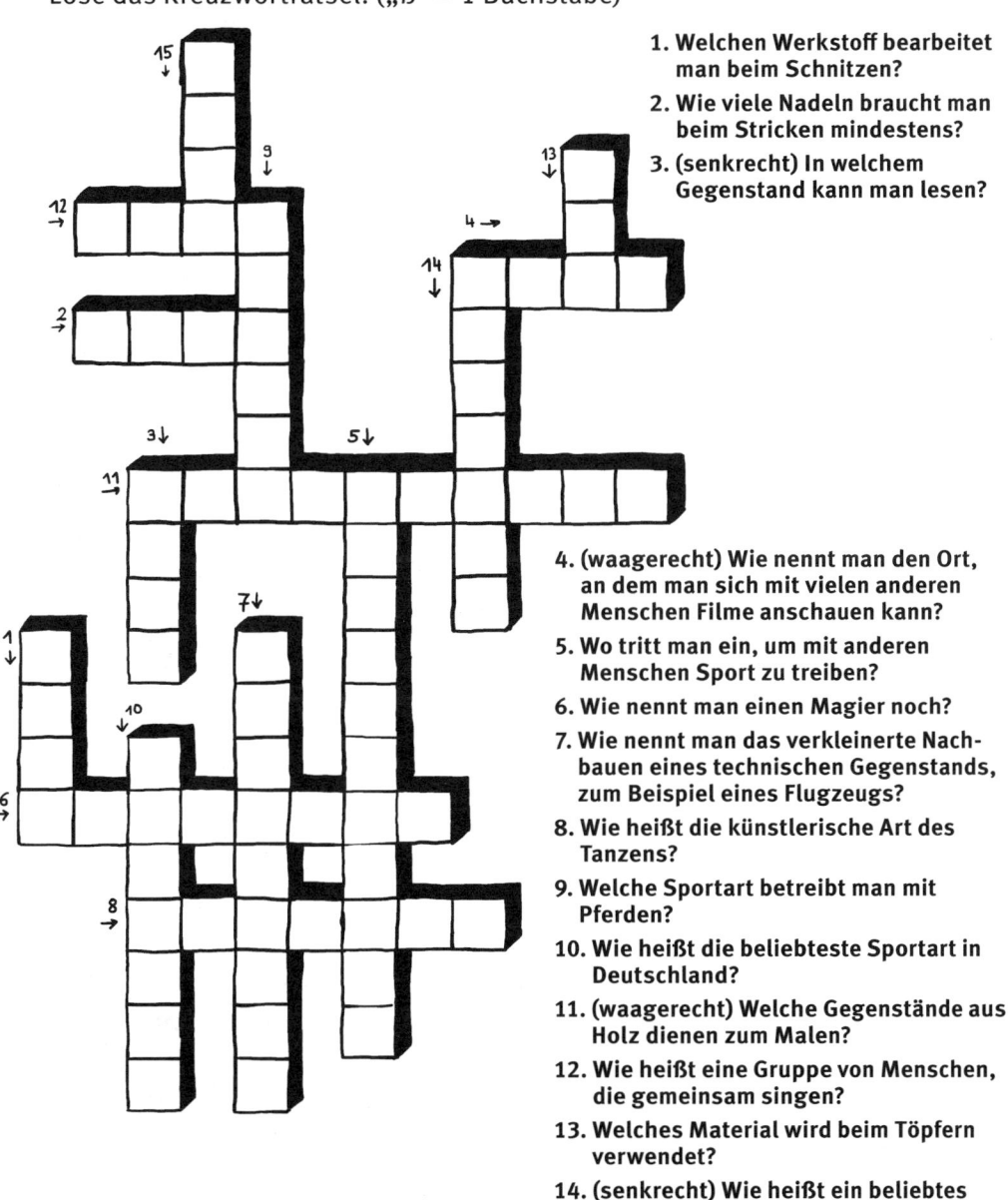

1. Welchen Werkstoff bearbeitet man beim Schnitzen?
2. Wie viele Nadeln braucht man beim Stricken mindestens?
3. (senkrecht) In welchem Gegenstand kann man lesen?
4. (waagerecht) Wie nennt man den Ort, an dem man sich mit vielen anderen Menschen Filme anschauen kann?
5. Wo tritt man ein, um mit anderen Menschen Sport zu treiben?
6. Wie nennt man einen Magier noch?
7. Wie nennt man das verkleinerte Nachbauen eines technischen Gegenstands, zum Beispiel eines Flugzeugs?
8. Wie heißt die künstlerische Art des Tanzens?
9. Welche Sportart betreibt man mit Pferden?
10. Wie heißt die beliebteste Sportart in Deutschland?
11. (waagerecht) Welche Gegenstände aus Holz dienen zum Malen?
12. Wie heißt eine Gruppe von Menschen, die gemeinsam singen?
13. Welches Material wird beim Töpfern verwendet?
14. (senkrecht) Wie heißt ein beliebtes Tasteninstrument?
15. Wie heißt eine asiatische Selbstverteidigungskunst?

Lösung auf der nächsten Seite

Lösung:

Schreibe auf, was du in deiner Freizeit besonders gern machst!

❶ ....

❷ ....

❸ ....

❹ ....

❺ ....

❻ ....

Europa oder nicht?

Welche Länder liegen auf unserem Kontinent? Verbinde diese Länder
in der Reihenfolge des Alphabets mit einem Strich.

SPANIEN

KANADA

CHINA

ITALIEN

ÖSTERREICH

SYRIEN

DEUTSCHLAND

ÄGYPTEN

POLEN

USA

NORWEGEN

BULGARIEN

Lösung auf der nächsten Seite

Bilderrätsel

Wie nennt man ein Getränk, das man im Winter heiß und im Sommer kalt trinken kann? Löse das Bilderrätsel.

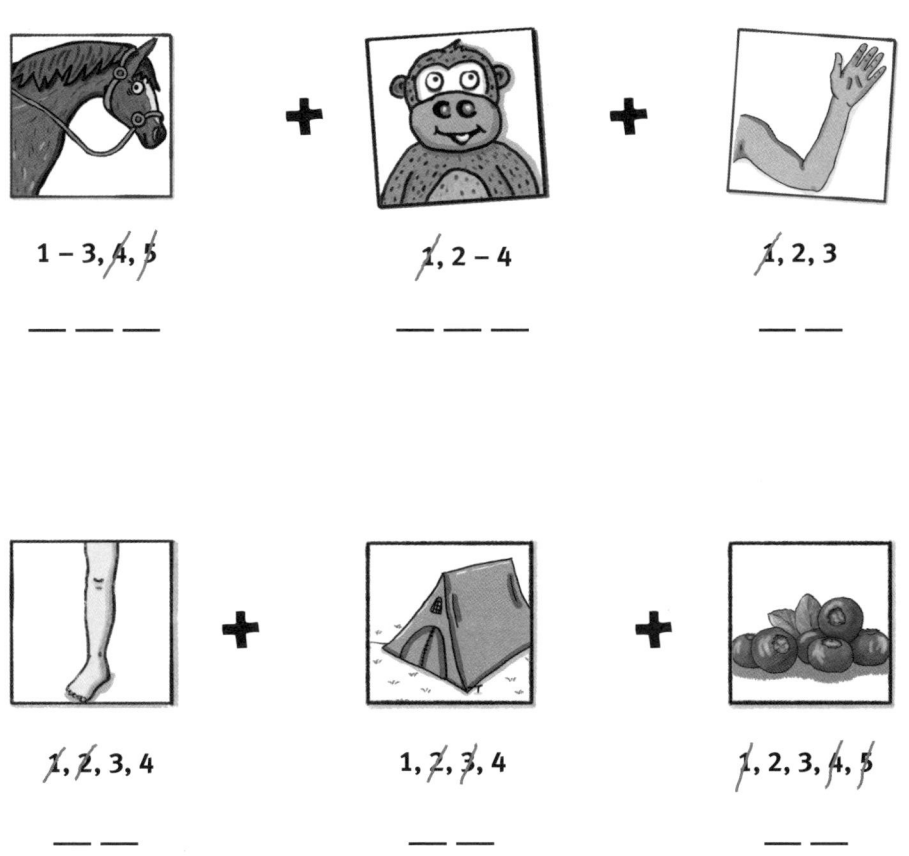

1 – 3, 4, 5   1, 2 – 4   1, 2, 3

__ __ __   __ __ __   __ __

1, 2, 3, 4   1, 2, 3, 4   1, 2, 3, 4, 5

__ __   __ __   __ __

LÖSUNGSWORT: __ __ __ __ __ __ __ __ __ __ __ __ __

Deutschlands Nachbarländer

Finde heraus, wie Deutschlands Nachbarländer heißen. Setze dafür den Buchstaben ein, für den die Zahl im Alphabet steht.

1	2	3	4	5	6	7	8	9	10	11	12	13	14	15	16
A	B	C	D	E	F	G	H	I	J	K	L	M	N	O	P

17	18	19	20	21	22	23	24	25	26	27	28	29
Q	R	S	T	U	V	W	X	Y	Z	Ä	Ö	Ü

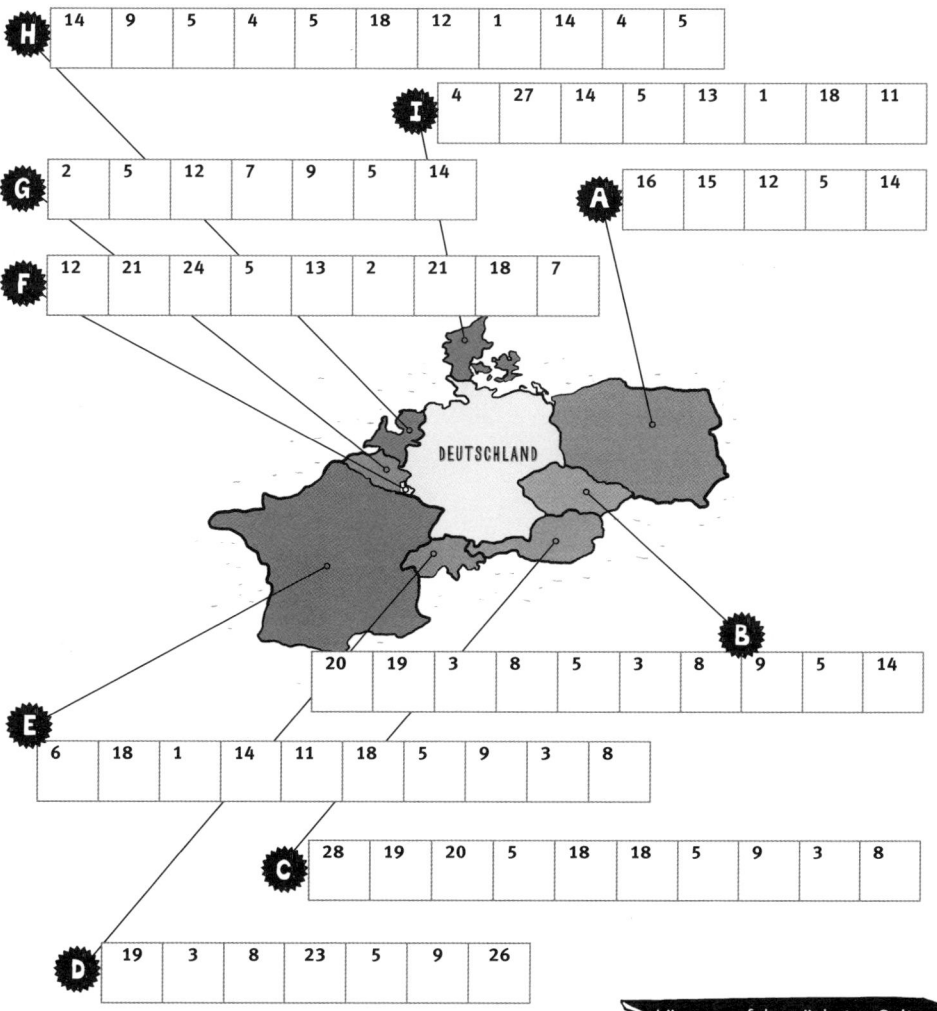

H | 14 | 9 | 5 | 4 | 5 | 18 | 12 | 1 | 14 | 4 | 5 |

I | 4 | 27 | 14 | 5 | 13 | 1 | 18 | 11 |

G | 2 | 5 | 12 | 7 | 9 | 5 | 14 |

A | 16 | 15 | 12 | 5 | 14 |

F | 12 | 21 | 24 | 5 | 13 | 2 | 21 | 18 | 7 |

B | 20 | 19 | 3 | 8 | 5 | 3 | 8 | 9 | 5 | 14 |

E | 6 | 18 | 1 | 14 | 11 | 18 | 5 | 9 | 3 | 8 |

C | 28 | 19 | 20 | 5 | 18 | 18 | 5 | 9 | 3 | 8 |

D | 19 | 3 | 8 | 23 | 5 | 9 | 26 |

DEUTSCHLAND

Lösung auf der nächsten Seite

Heimatkunde

Beantworte folgende Fragen:

1. Wie heißt Deutschlands Hochgebirge?

- ○ **a.** Anden
- ○ **b.** Himalaja
- ○ **c.** Alpen
- ○ **d.** Balkan

2. Welcher Fluss fließt nicht durch Deutschland?

- ○ **a.** Elbe
- ○ **b.** Mississippi
- ○ **c.** Donau
- ○ **d.** Rhein

3. Wie heißt der größte See Deutschlands?

- ○ **a.** Bodensee
- ○ **b.** Dachsee
- ○ **c.** Zimmersee
- ○ **d.** Kellersee

4. Welche Stadt liegt nicht in Deutschland?

- ○ **a.** München
- ○ **b.** Hamburg
- ○ **c.** Wien
- ○ **d.** Rostock

5. Welche Sehenswürdigkeit befindet sich nicht in Berlin?

- ○ **a.** Schloss Neuschwanstein
- ○ **b.** Brandenburger Tor
- ○ **c.** Reichstagsgebäude
- ○ **d.** Mauer-Gedenkstätte

6. Wie nennt man das Münchener Volksfest, das jedes Jahr im Herbst stattfindet?

- ○ **a.** Eichelrummel
- ○ **b.** Drachenkirmes
- ○ **c.** Laubfeger
- ○ **d.** Oktoberfest

Lösung: 1c, 2b, 3a, 4c, 5a, 6d

Berühmte Tiere

Viele Tiere sind durch ihre Filmrollen oder aus Büchern berühmt geworden.
Kreise mit verschiedenen Farben immer eine Tierart, den Namen
und den dazugehörigen Buch- oder Filmtitel ein!

*MAMMUT

FÜNF FREUNDE

*EULE

HARRY POTTER

☆KAA

☆MANFRED

☆TIMMY

DAS DSCHUNGEL-BUCH

*RIESEN-SCHLANGE

MOMO

ICE AGE

☆KASSIOPEIA

☆HEDWIG

*HUND

*SCHILDKRÖTE

Lösung auf der nächsten Seite

Lösung: Mammut – Manfred – Ice Age | Eule – Hedwig – Harry Potter |
Riesenschlange – Kaa – Das Dschungelbuch | Hund – Timmy – Fünf Freunde |
Schildkröte – Kassiopeia – Momo

Male dein Lieblingstier!

Das passt nicht rein!

In jeder Reihe passt ein Begriff nicht zu den anderen.
Kreise den Reinschummler jeweils ein!

1 Minze   Kamille   Fenchel   Salz   Kümmel

2 Auto   Lastwagen   Motorrad   Flugzeug   Bus

3 Krankenschwester   Tischler   Zimmermann   Maurer   Klempner

4 Fliege   Spinne   Mücke   Wespe   Schmetterling

5 Schaf   Kuh   Schwein   Hirsch   Ziege

6 Kuckuck   Schwalbe   Pinguin   Storch   Sperling

7 Westen   Jacken   Norden   Osten   Süden

8 Fußball   Handball   Golf   Volleyball   Völkerball

9 Mutter   Vater   Schwester   Freundin   Opa

10 Eiche   Rose   Kastanie   Lärche   Birke

Lösung auf der nächsten Seite

Lösung: 1. Salz (kein Heilkraut), 2. Flugzeug (kein Straßenfahrzeug),
3. Krankenschwester (kein Handwerksberuf), 4. Spinne (keine Flügel),
5. Hirsch (kein Bauernhoftier), 6. Pinguin (kann nicht fliegen),
7. Jacken (keine Himmelsrichtung), 8. Golf (keine Mannschaftssportart),
9. Freundin (keine Verwandte), 10. Rose (keine Baumart)

Male einen Storch ins Nest!

Eins muss weg!

Ein Bild muss weg. Setze aus zwei der drei Bilder ein neues,
sinnvolles Hauptwort zusammen und schreibe es auf.
Achte auf die Reihenfolge!

1

    = _ _ _ _ _ _ _ _ _ _ _ _ _ _ _

2

     = _ _ _ _ _ _ E _ _ _ _ _ _

3

     = _ _ _ _ _ N _ _ _ _ _ _

4

    = _ _ _ _ _ _ _ _ _ _

5

     = _ _ _ _ _ _ _ _ _ _

Lösung auf der nächsten Seite

Wortwitze

Wie nennt man ein helles Mammut?

Hellmut

Wie nennt man es, wenn man sich sein Smartphone auf den Kopf setzt?

Handycap

Was macht man mit einem Hund, der keine Beine hat?

Um die Häuser ziehen

Warum liegt im Keller plötzlich ein Teppich?

Weil Spinnen weben.

Welchen Kuchen können Wespen nicht leiden?

Den Bienenstich

Woran liegt es, dass der Schmied immer wütend ist?

Am Boss

Fragt eine Kerze die andere: „Und? Was machst du heute Abend?"

Antwort: „Ich gehe aus."

Sommerleckerei

Bei jedem Bild stehen zwei Zahlen. Die erste sagt dir, an welcher Stelle du den Buchstaben unten in die Lösungszeile eintragen musst.
Die zweite verrät, den wievielten Buchstaben des Worts du verwenden musst. Schreibe zuerst die Wörter zu den Bildern auf und zähle dann ab.
Welche Leckerei wird gesucht?

LÖSUNG:

1	2	3	4	5	6	7	8	9

Lösung auf der nächsten Seite

Lösung: SCHOKOEIS

Lieblingseisbecher

Stell dir aus folgenden Begriffen deinen
Lieblingseisbecher zusammen, indem du
sie einkreist. Wenn deine Lieblingszutaten
fehlen, schreibe sie dazu!

EISSORTE	FRÜCHTE	TOPPING
Schoko	Erdbeeren	Sahne
Vanille	Pfirsiche	Nüsse
Zitrone	Birnen	Schokolinsen
Pfirsich	Ananas	Streusel
Nuss	Himbeeren	Schokosoße
Kokos		
Ananas		
Kirsch		
Erdbeer		
Joghurt		

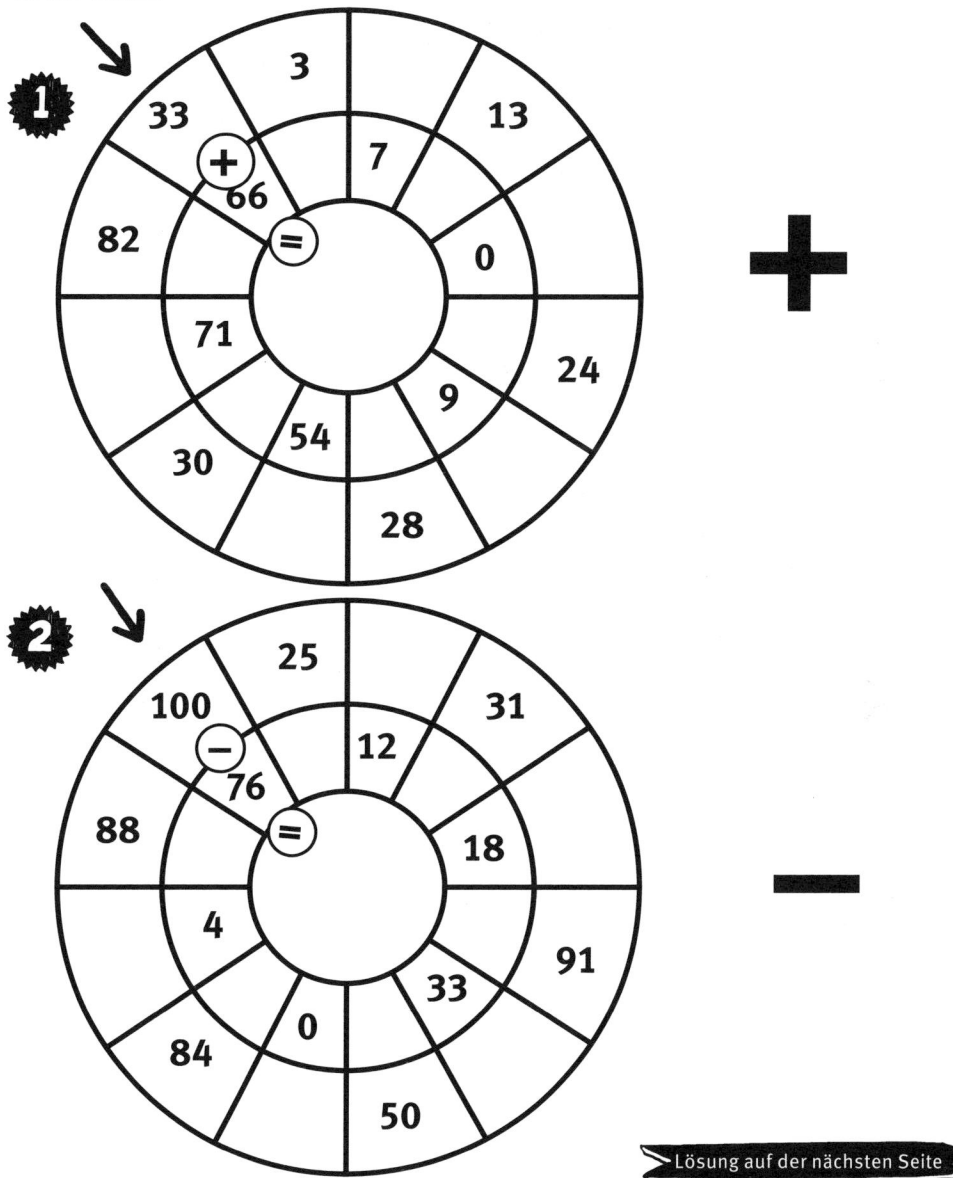

Zahlentorten

Ergänze die Zahlen in den freien Flächen der Torten, indem du die Zahlen aus dem jeweiligen Tortenstück zusammenrechnest (Torte Nr. 1) oder abziehst (Torte Nr. 2). Errechne zuerst das Ergebnis aller Aufgaben in der Mitte.

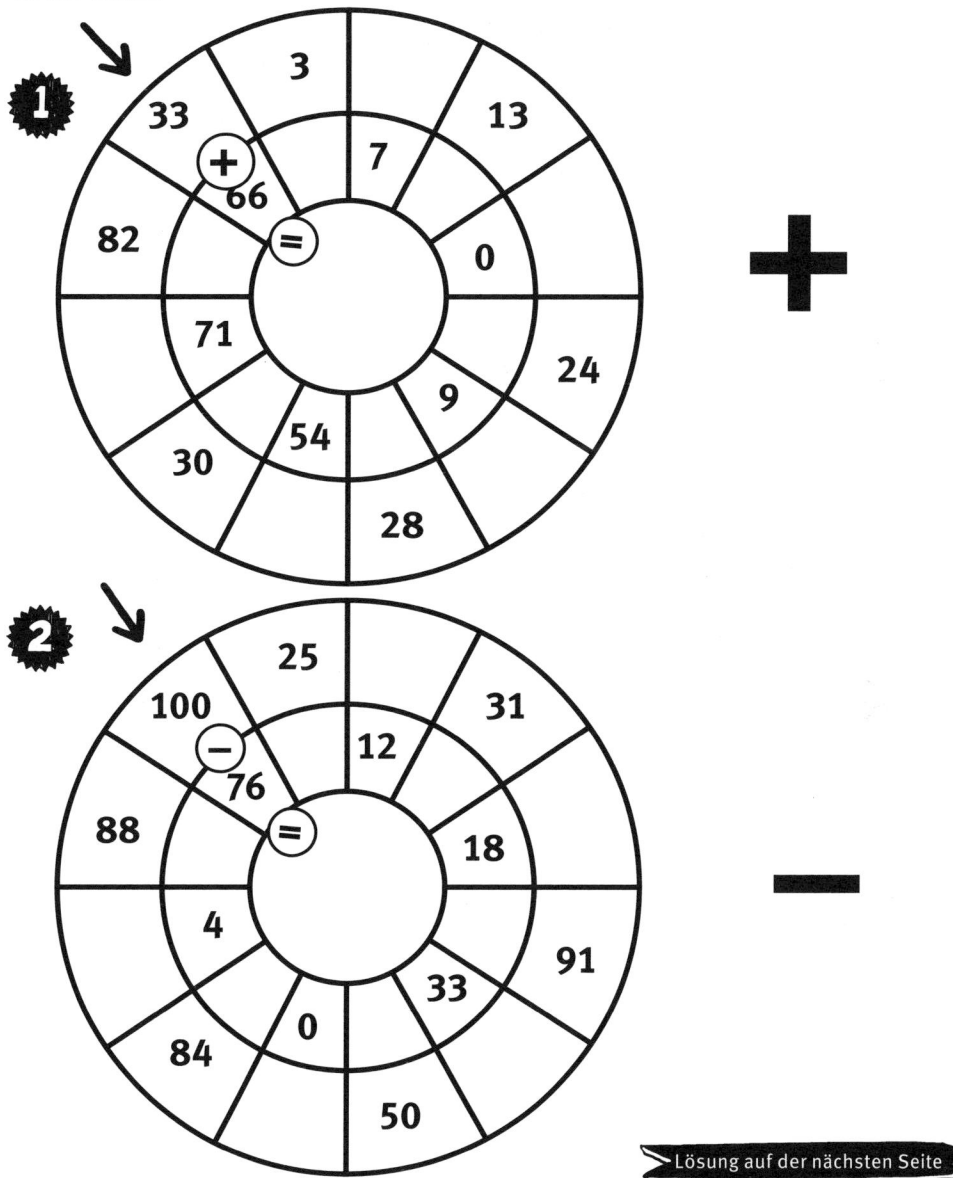

Lösung auf der nächsten Seite

Lösung:

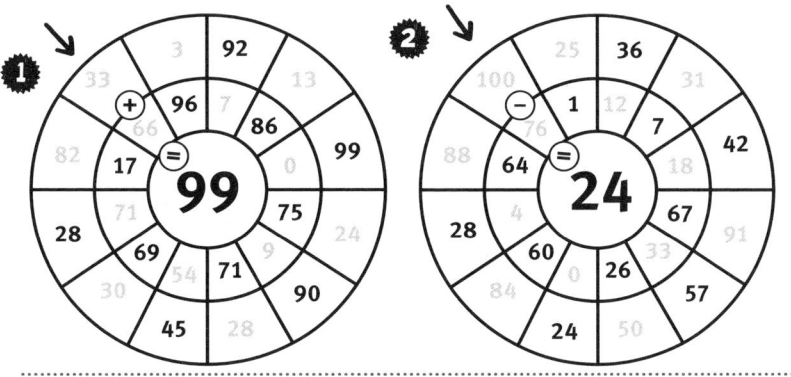

1 ↓

		92	
33	3		13
66	(+) 96	7	86
82	17 (=)		99
	99	0	
28	71		75
	69	9	24
30	54 71		90
	45	28	

2 ↓

	25	36	
100		31	
76	(−) 1	12	7
88	64 (=)	18	42
	24		67
28	4		91
	60	33	
84	0 26		57
	24	50	

Geburtstagstorte

Leon hat Geburtstag und 5 Kinder eingeladen. Sein Vater hat eine Torte gebacken. Wie viele Stücke bekommt jedes Kind?

Lösung: Jedes Kind bekommt zwei Stücke. 5 Gäste + Leon = 6 Kinder. 12 : 6 = 2

Wortschlangen für Anfänger

Verbinde die Buchstaben durch Pfeile (nicht diagonal) und schreibe jedes
Wort auf die Linie darunter!

Beispiel:

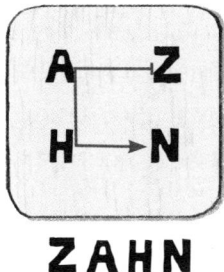

ZAHN

_____

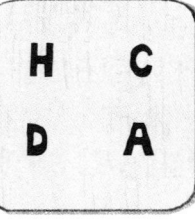

_____

B A	S O	V E
H C	E R	A S

_____   _____   _____

Ü G	A F	D L
L E	S S	B I

_____   _____   _____

Lösung auf Seite 54

Wortschlangen für Fortgeschrittene

Jetzt wird's schwerer. Verbinde die Buchstaben durch Pfeile
(nicht diagonal) und schreibe jedes Wort auf die Linie darunter!
Der erste Buchstabe ist fett hervorgehoben.

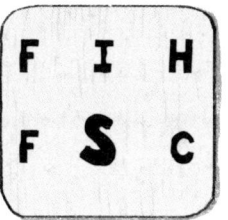

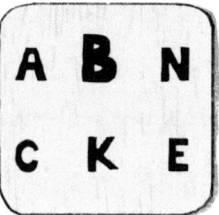

_____

_____

_____

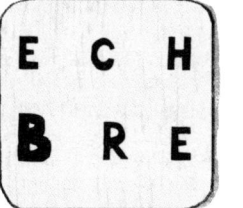

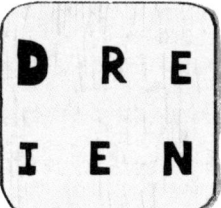

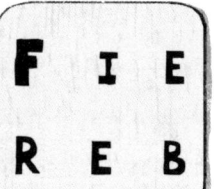

_____

_____

_____

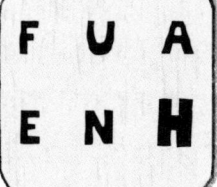

_____

_____

_____

Lösung auf Seite 54

Wortschlangen für Profis

Jetzt sind es neun Buchstaben. Der erste ist wieder fett hervorgehoben.

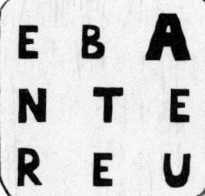

E B **A**
N T E
R E U

_____

A B E
O T N
R B D

_____

U T E
R L E
A N G

_____

I N A
R **B** A
E L L

_____

N B S
E L I
M U **E**

_____

U H L
T S R
F A H

_____

G I S
E N G
F Ä N

_____

E T S
D K Ü
R O **N**

_____

N E G
L **P** A
A N W

_____

Lösung auf Seite 54

Lösung von Seite 51:

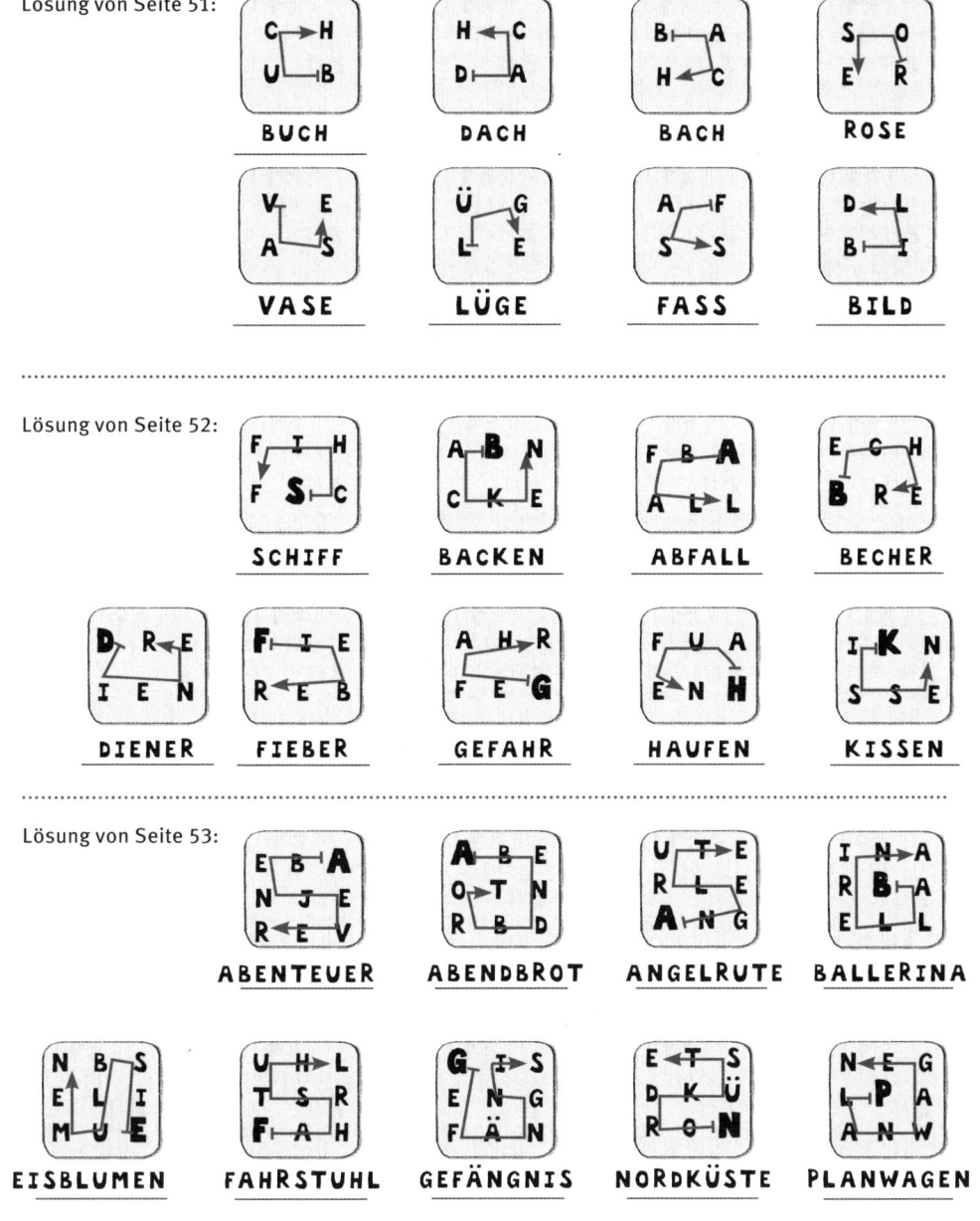

BUCH DACH BACH ROSE

VASE LÜGE FASS BILD

Lösung von Seite 52:

SCHIFF BACKEN ABFALL BECHER

DIENER FIEBER GEFAHR HAUFEN KISSEN

Lösung von Seite 53:

ABENTEUER ABENDBROT ANGELRUTE BALLERINA

EISBLUMEN FAHRSTUHL GEFÄNGNIS NORDKÜSTE PLANWAGEN

Was ist denn das?

Rate, welcher lustige Tiernamen zu welcher Tierart gehört.
Verbinde ein richtiges Paar mit einem Strich!

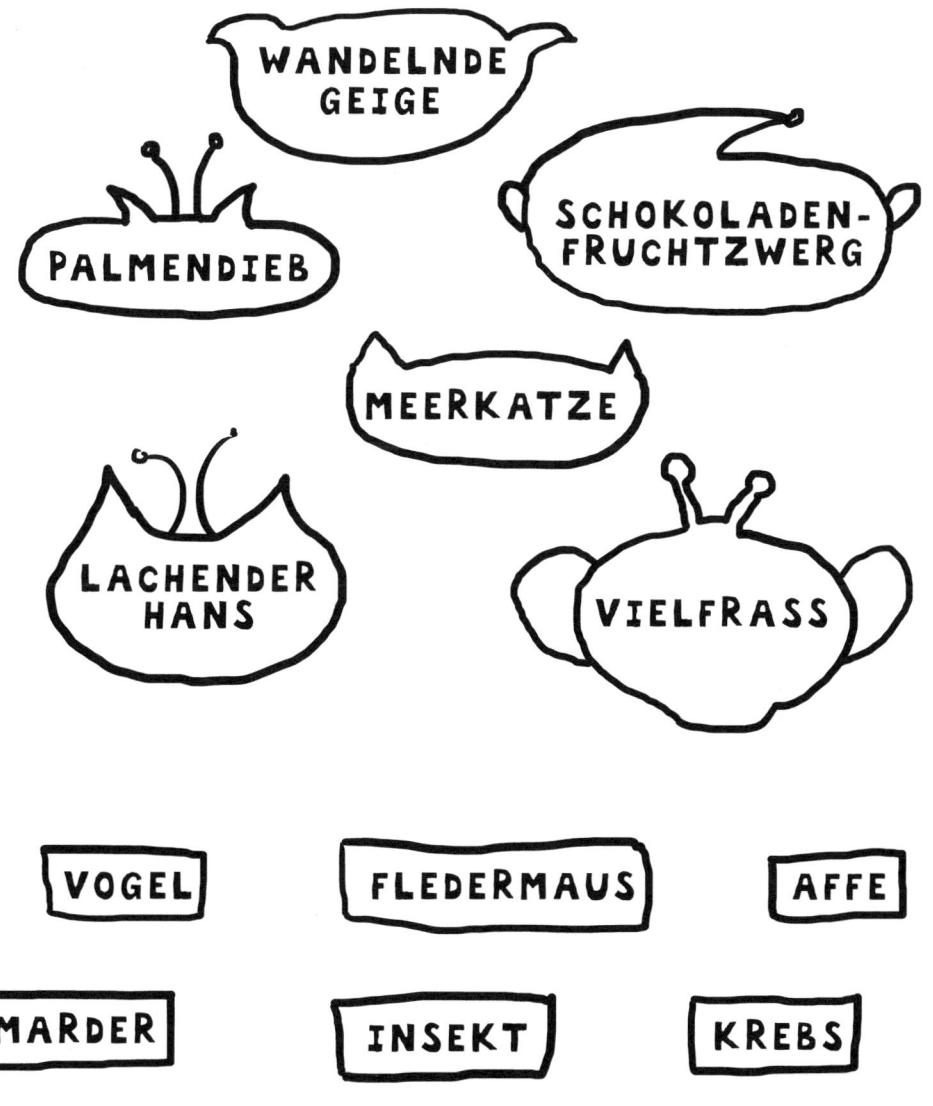

Lösung auf der nächsten Seite

Lösung: Meerkatze = Affe, Schokoladen-Fruchtzwerg = Fledermaus, Wandelnde Geige = Insekt, Palmendieb = Krebs, Vielfraß = Marder, Lachender Hans = Vogel

Spiegelbild

Male die Muster auf der rechten Seite so weiter, dass sie sich spiegeln.

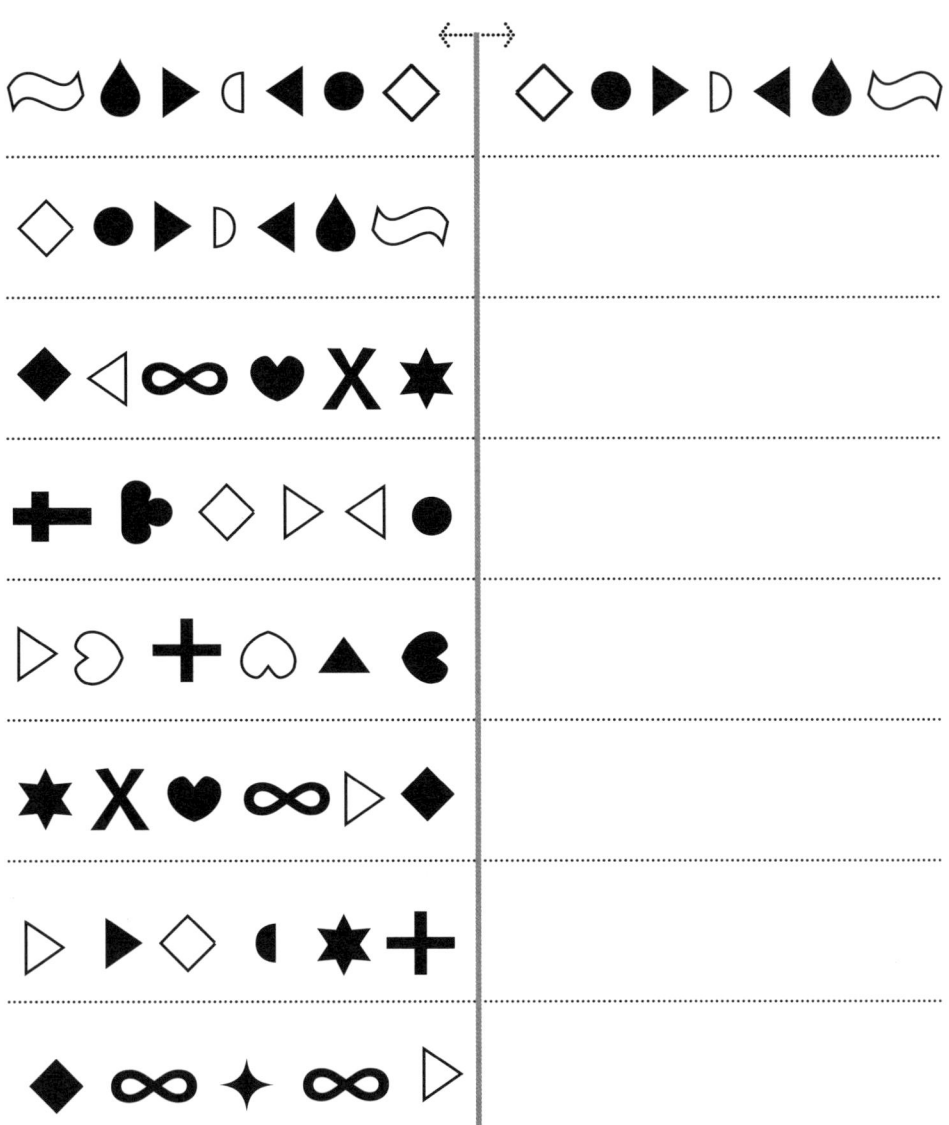

Blumen-Gitterrätsel

Trage die unten stehenden Blumennamen so in das Gitter ein, dass am Ende kein Feld mehr frei ist. Als Hilfe sind schon drei Wörter eingetragen. (Umlaute sind 1 Buchstabe)

ASTER ★ DAHLIE ★ GÄNSEBLÜMCHEN ★ GERBERA
IRIS ★ KROKUS ★ LILIE ★ MAIGLÖCKCHEN ★ ORCHIDEE
OSTERGLOCKE ★ TULPE ★ VEILCHEN

Lösung auf der nächsten Seite

Lösung:

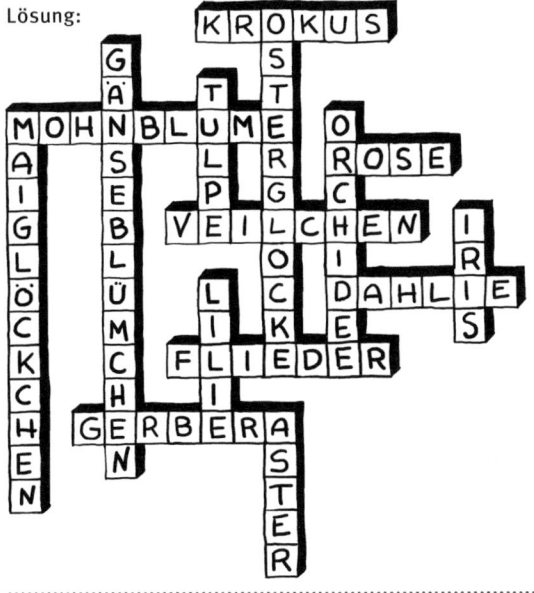

Male deine Lieblingsblumen!

Zahlengitter

Wie oft ist in diesem Zahlengitter die **3** zu sehen?

9	8	7	6	5	4	3	2	1	0	1	2
3	4	5	6	7	8	9	3	3	6	7	5
4	3	2	1	8	9	0	7	6	3	4	6
7	8	9	9	1	2	4	5	6	7	8	9
0	0	9	8	7	6	5	4	3	3	2	1
2	4	5	3	6	7	4	3	8	7	6	4
5	6	7	8	3	2	1	3	2	3	4	5
6	7	3	0	1	9	0	6	5	3	4	5
6	3	2	1	7	6	7	7	8	8	5	4
2	1	3	5	6	3	7	3	8	5	6	3
8	9	0	1	2	3	4	5	6	7	8	9
0	0	9	8	7	6	5	4	3	2	1	3

ANTWORT: _____-MAL

Lösung auf der nächsten Seite

99 30 44 24

92 1 88 85

33 37 54 61 74 27

15 73 68 51 18 67 43 10 2

Gerade oder ungerade?

Kreise die Zahlen ein, die gerade sind. Das sind Zahlen, die man durch 2 teilen kann.

Lösung:

9	8	7	6	5	4	**3**	2	1	0	1	2
3	4	5	6	7	8	9	7	6	**3**	3	4	5
6	4	**3**	2	1	8	6	7	0	9	**3**	4	6
7	8	9	6	6	1	2	7	4	5	7	8	9
0	0	6	8	7	6	5	4	**3**	**3**	2	1
2	4	5	6	**3**	7	4	**3**	8	7	6	4
5	6	9	8	**3**	1	**3**	2	**3**	4	5
6	4	**3**	0	6	9	0	**3**	7	6
6	8	7	2	1	7	6	8	8	5	4
2	1	5	**3**	6	**3**	7	8	5	6	9	1	**3**
9	8	6	0	1	2	**3**	4	5	6	7	8	9
3	1	2	**3**	4	5	6	7	8	6	0	0	3

23-mal

Schatten

Welcher Schatten gehört zum Gockel Jockel?

Lösung auf der nächsten Seite

Nein danke!

Was bekommt man am Strand manchmal geschenkt, obwohl man
es gar nicht haben will? Bilde aus den Buchstaben das Lösungswort.
Der erste Buchstabe ist unterstrichen.

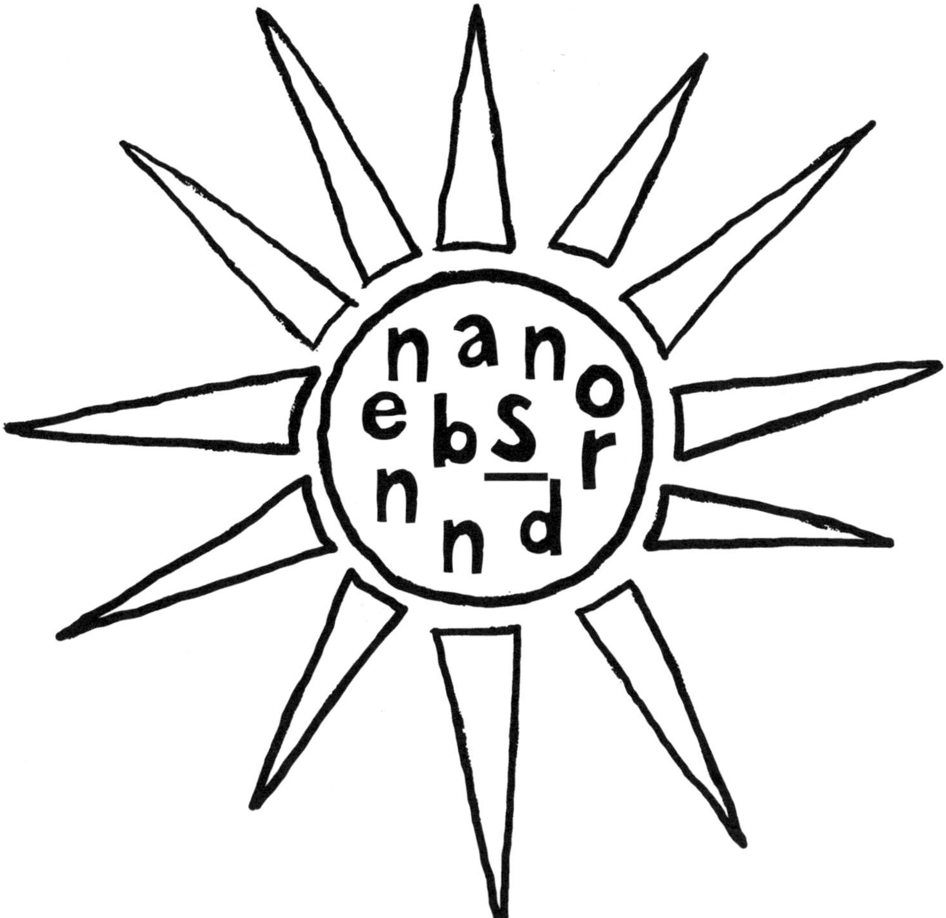

n a n o
e b S o
n n d r

Lieblingszahl

Mariams Lieblingszahl ist die 7, deshalb malt sie in diesem Gitter jedes
siebte Feld bunt aus. Wie viele Felder sind zum Schluss ausgemalt?

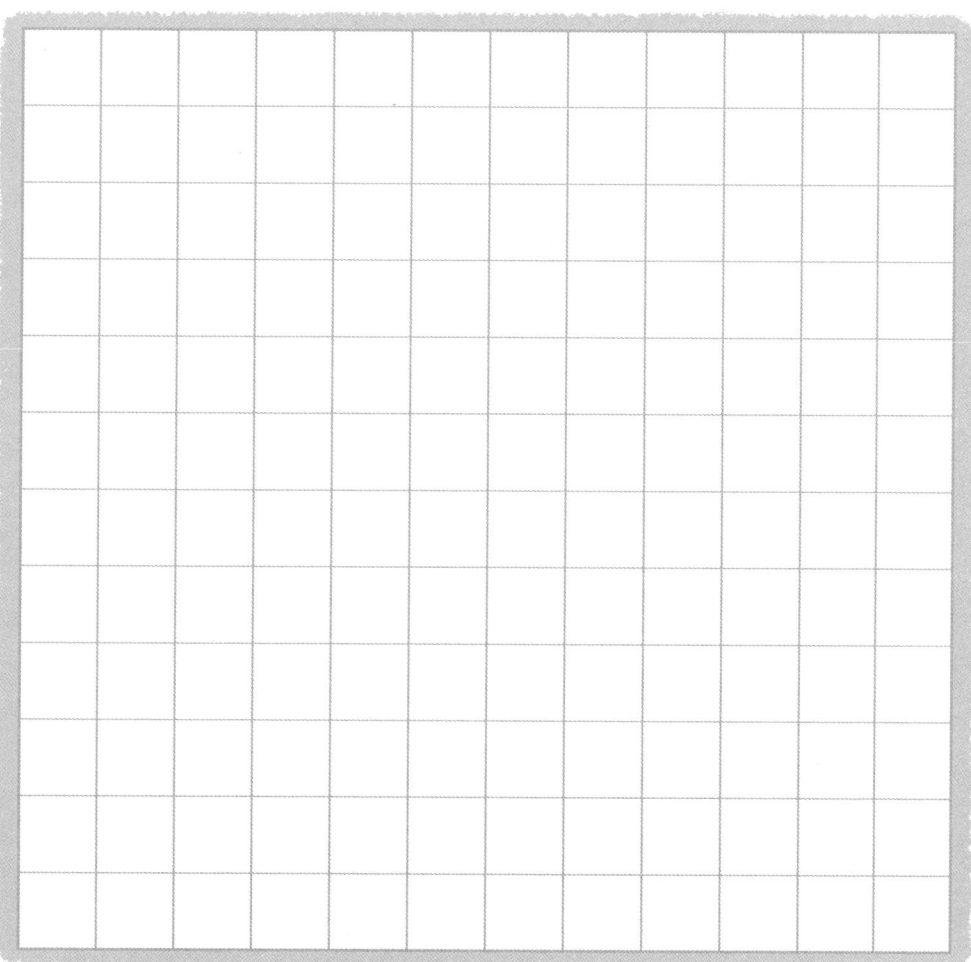

ANZAHL DER AUSGEMALTEN FELDER: ___ ___

Lösung auf der nächsten Seite

Lösung: 20 Felder müssen bunt sein.

Geld zählen

Wie viel Euro sind hier zu sehen? Zähle alle Geldscheine und
Münzen zusammen.

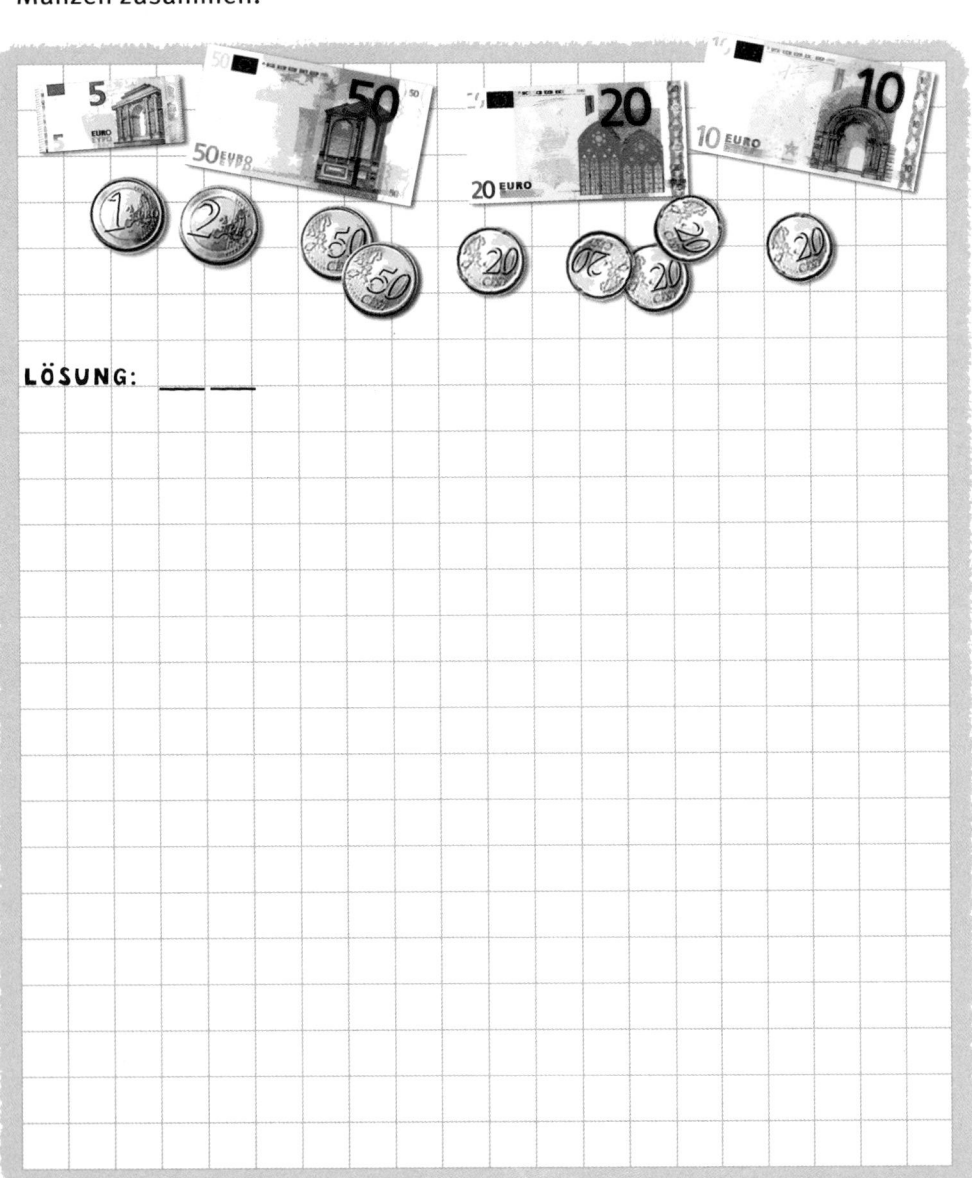

LÖSUNG: _____

Silbenrätsel

Aus den folgenden Silben sind 10 Antwortwörter zu bilden.
Streiche die benutzten Silben durch, dann wird es einfacher:

Amei – bee – Bi – Erd – Fin – ger – ghet – Gi – Groß – haus – Hoch – Kas –
ki – Klas – mer – ni – nie – re – re – se – sen – Spa – ta – tar –
ter – ti – va – zim

1 Ein fleißiges Insekt, das einen großen Haufen bauen kann:

_____

2 Italienische Nudelart: _____

3 Musikinstrument, das man zupfen kann: _____

4 Gebäude mit vielen Etagen: _____

5 Laubbaum, dessen Früchte man sammeln kann:

_____

6 Leckere, rote Sommerfrucht: _____

7 Gliedmaßen an der Hand: _____

8 Zweiteiliger Badeanzug für Mädchen: _____

9 Anderes Wort für Opa: _____

10 Raum, in dem eine Gruppe von Schülern lernt:

_____

Lösung auf der nächsten Seite

Lösung: 1. Amei-se
2. Spa-ghet-ti
3. Gi-tar-re
4. Hoch-haus
5. Kas-ta-nie
6. Erd-bee-re
7. Fin-ger
8. Bi-ki-ni
9. Groß-va-ter
10. Klas-sen-zim-mer

Zeichne hier die Umrisse deiner Hand!

Welches Wort ist richtig?

Nur ein Wort passt an die
jeweilige Stelle im Rätsel.
Trage es ein.

11. HÖLLE | HIMMEL | ERDE
12. FERIEN | URLAUB | WOCHENENDE
13. KUH | SCHWEIN | SCHAF
14. BUS | FLUGZEUG | EISENBAHN
15. GNOM | RIESE | ZWERG

1. BUCH | MANGA | COMIC
2. GLÜHBIRNE | SCHIRM | LAMPE
3. KIRSCHE | HIMBEERE | PFLAUME
4. FAHRRAD | AUTO | MOTORRAD
5. BRAUNBÄR | TEDDY | EISBÄR
6. MAULWURF | SCHNECKE | REGENWURM
7. WIESE | GRAS | RASEN
8. FREIHEITSSTATUE | AMERIKA | HAMBURGER
9. BRILLE | HUT | ROCK
10. RADIO | TELEFON | FERNSEHER

Lösung auf der nächsten Seite

Lösung:

Male ein gruseliges Monster!

Rechendreiecke

In jedem Dreieck ist ein Feld leer. Rechne die jeweiligen Aufgaben
und schreibe das Ergebnis in das leere Feld.

BEISPIEL:

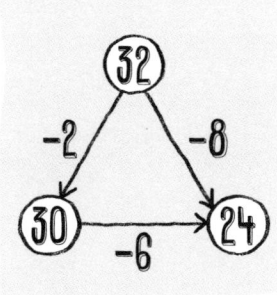

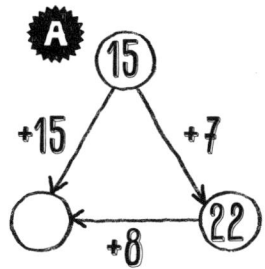

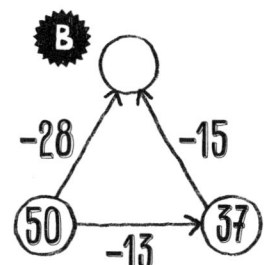

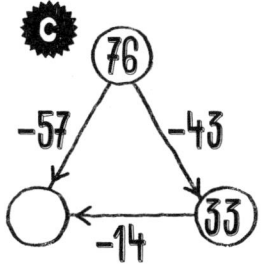

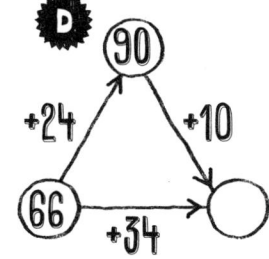

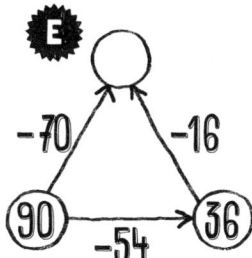

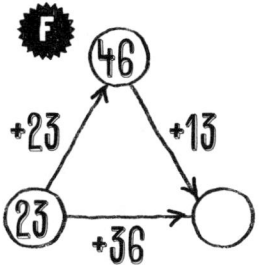

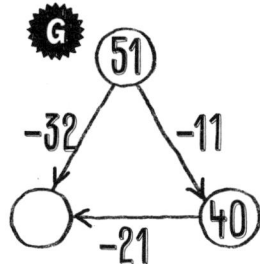

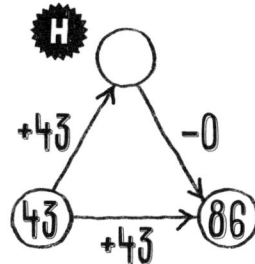

Lösung auf der nächsten Seite

Lösung: A = 30, B = 22, C = 19, D = 100, E = 20, F = 59, G = 19, H = 86

Kritzle, was dir gefällt, an diese Schultafel!

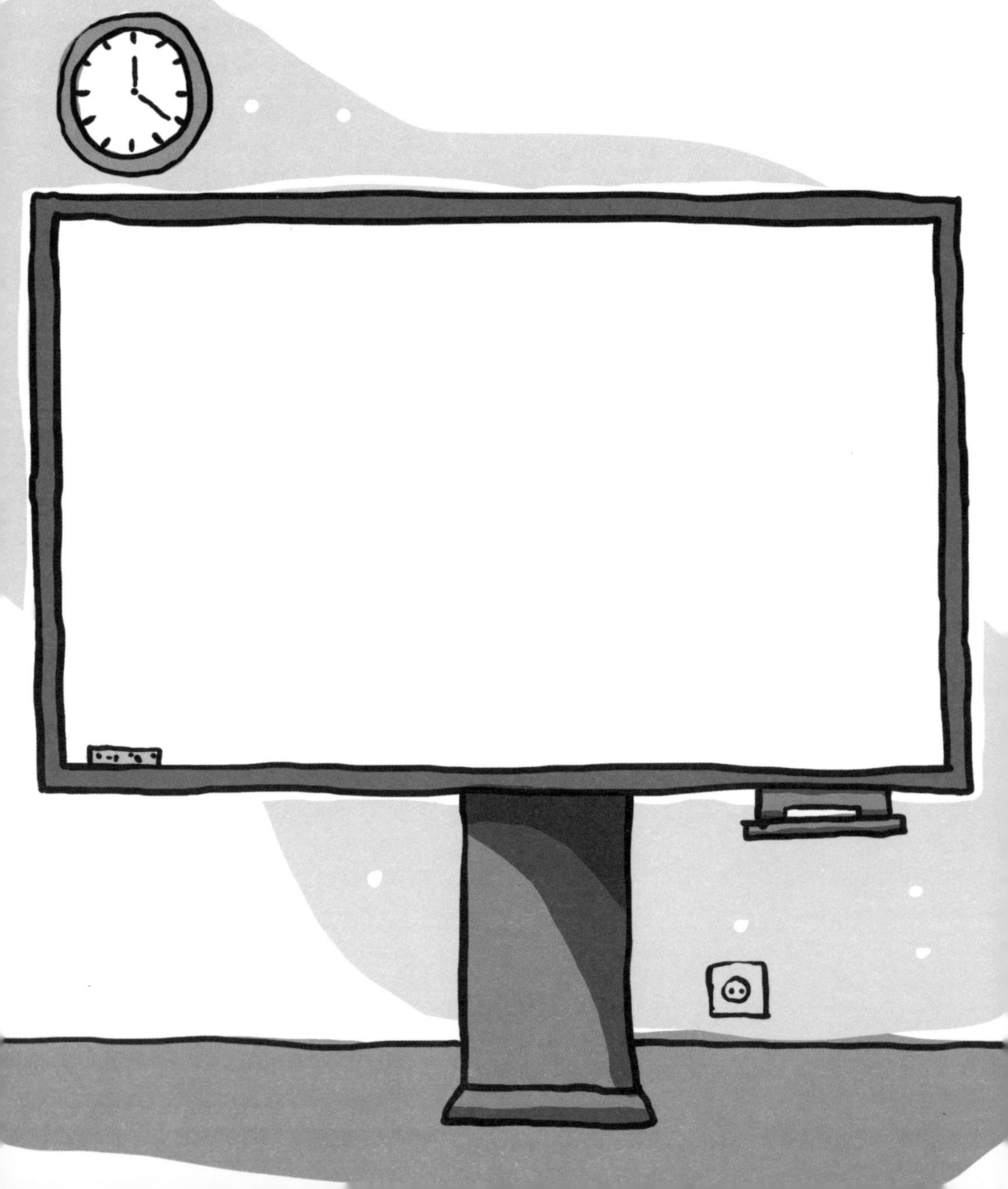

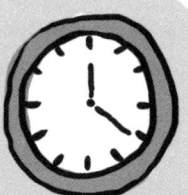

Märchenstunde

Die Namen der Märchen sind hier auseinandergeraten.
Verbinde immer die beiden richtigen Teile mit einem Strich.

Der Wolf

und Gretel

Schneeweißchen

Die Bremer

den drei goldenen Haaren

Brüderchen

Die sieben

und Schwesterchen

Stadtmusikanten

Der Teufel mit

Tischlein

und Rosenrot

Die zertanzten

Hänsel

und die sieben Geißlein

Raben

Kater

Der gestiefelte

Schuhe

deck dich!

Lösung auf der nächsten Seite

Lösung: Der Wolf und die sieben Geißlein | Schneeweißchen und Rosenrot |
Die Bremer Stadtmusikanten | Brüderchen und Schwesterchen | Die sieben Raben |
Tischlein deck dich! | Der Teufel mit den drei goldenen Haaren | Die zertanzten Schuhe |
Hänsel und Gretel | Der gestiefelte Kater

Male die Kästchen mit einem bunten Muster voll!

Wurm Willi

Wurm Willi liebt Äpfel, und seine Glückszahl ist die 8. Deshalb nascht
er von allen Äpfeln, die durch 8 teilbar sind. Male diese an!

Male einen gaaaaaanz langen Wurm!

Fischschwarm

Welcher Fisch unterscheidet sich von den anderen? Kreise ihn ein.

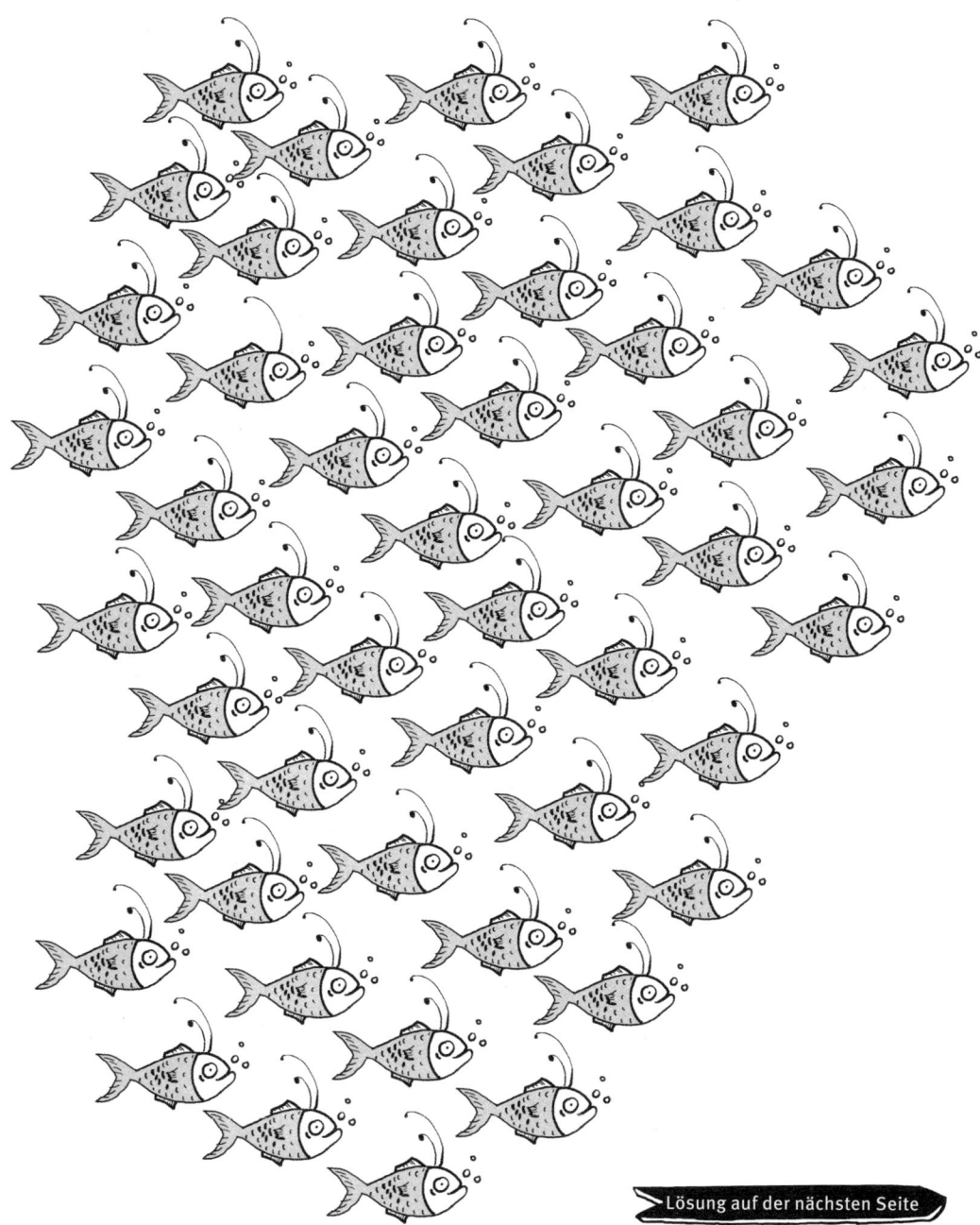

Lösung auf der nächsten Seite

Lösung:

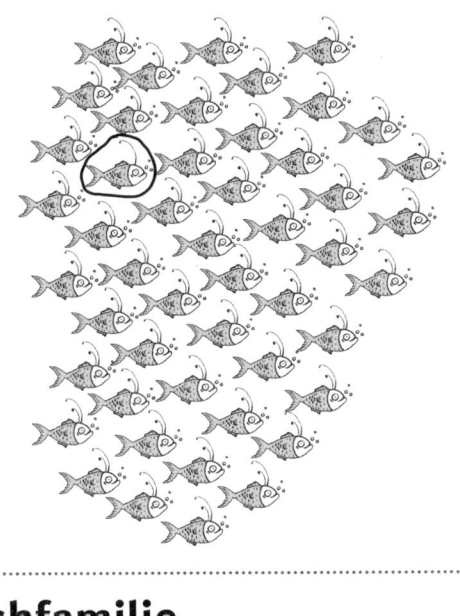

Fischfamilie

Ordne die Fische nach ihrer Größe und fange mit dem kleinsten an.

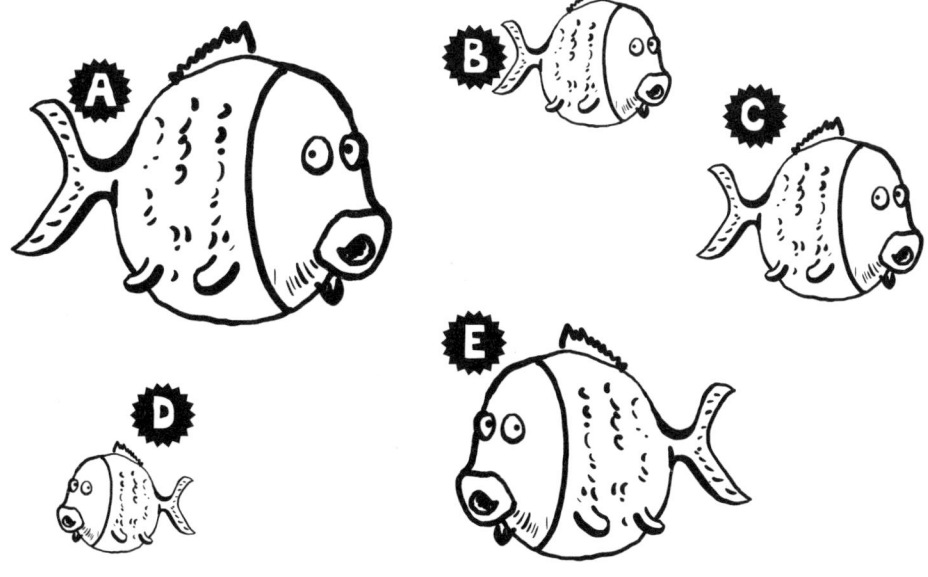

Gewässer

Kennst du die Namen von Meeren, Seen und Flüssen in Deutschland?
Schreibe an die Namen ein **M** für Meer, ein **S** für See und ein **F** für Fluss.

 NORDSEE

 BODENSEE

 RHEIN

 MAIN

 MÜRITZ

 ELBE

 STEINHUDER MEER

 SPREE

 OSTSEE

 DONAU

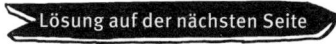 Lösung auf der nächsten Seite

Lösung: Das ist ganz schön verwirrend. Ein See ist manchmal ein Meer und ein Meer ein See:
M = Nordsee, Ostsee | **S** = Bodensee, Müritz, Steinhuder Meer,
F = Rhein, Main, Elbe, Spree, Donau

Male auf das Meer viele verschiedene Schiffe!

Mittagspause

Familie Puttenkötter verbringt einen Tag am Badesee.
Mittags gehen sie an der Imbissbude essen. Wer bestellt was?

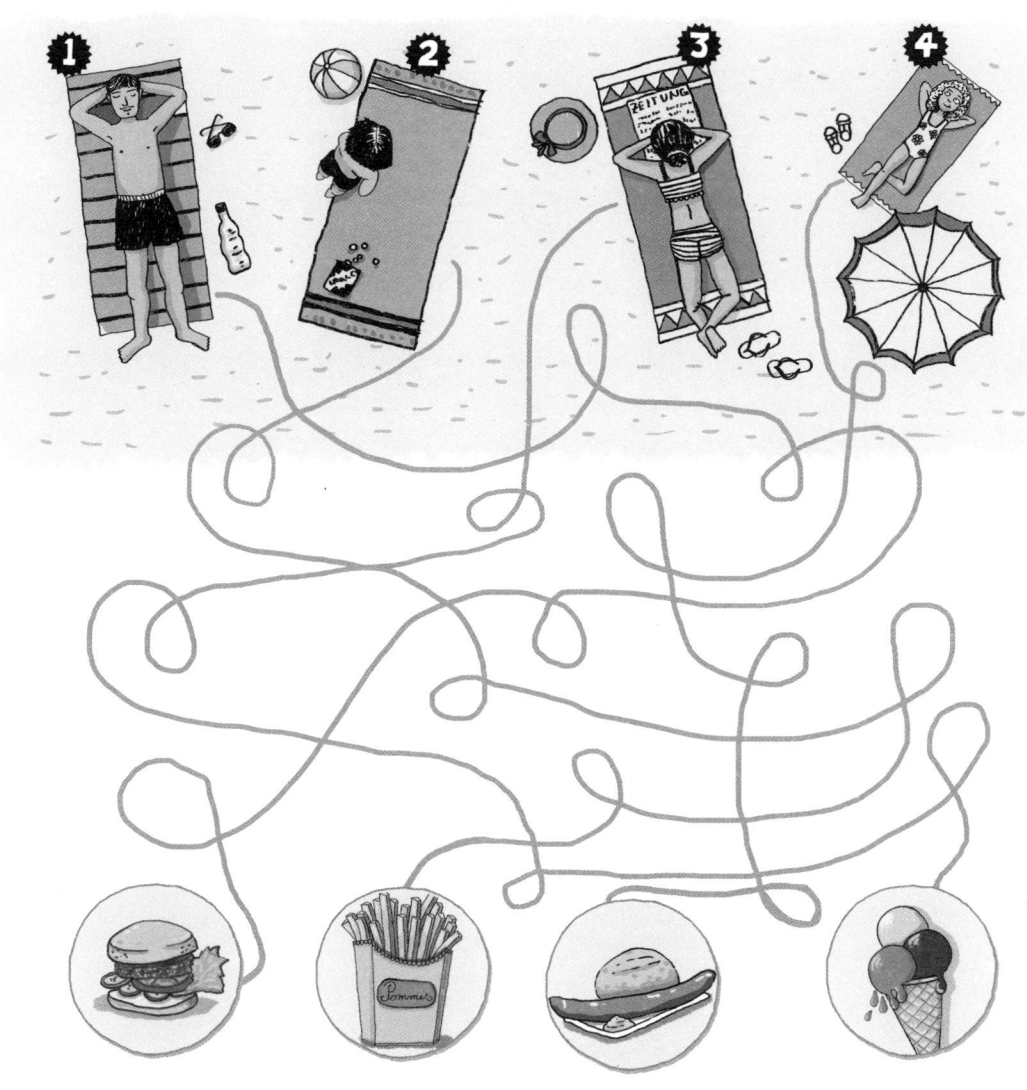

Lösung auf der nächsten Seite

Lieblingsessen

Was bestellst du dir am liebsten, wenn mal nicht selbst gekocht und gesund gegessen wird? Kreuze an.

Kreuzworträtsel umgekehrt

Das Kreuzworträtsel ist schon ausgefüllt. Suche unten die passenden Fragen zu den Begriffen und schreibe dort die Nummer der Antwort im Kreuzworträtsel auf.

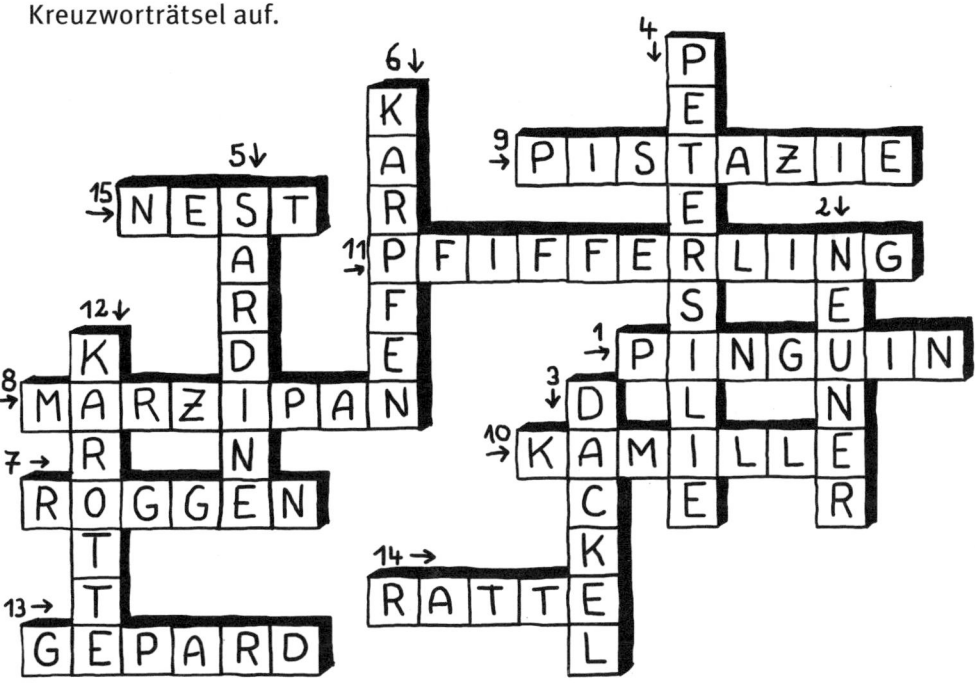

____ Süßigkeit aus Mandeln und Zucker

____ Brutplatz von Vögeln

____ Getreideart

____ Heilkraut

____ Hunderasse

____ Kräuterpflanze

____ Meeresfisch

____ Anderes Wort für „Mittelstürmer" beim Fußball

____ Nagetier mit langem Schwanz

____ Nussart

____ oranges Wurzelgemüse

____ Pilzart

____ schnellstes Landraubtier

____ Süßwasserfisch

____ Vogel, der am Südpol lebt

Lösung auf der nächsten Seite

Lösung: 1. Vogel, der am Südpol lebt: **Pinguin**

2. Anderes Wort für „Mittelstürmer" beim Fußball: **Neuner**

3. Hunderasse: **Dackel**

4. Kräuterpflanze: **Petersilie**

5. Meeresfisch: **Sardine**

6. Süßwasserfisch: **Karpfen**

7. Getreideart: **Roggen**

8. Süßigkeit aus Mandeln und Zucker: **Marzipan**

9. Nussart: **Pistazie**

10. Heilkraut: **Kamille**

11. Pilzart: **Pfifferling**

12. oranges Wurzelgemüse: **Karotte**

13. schnellstes Landraubtier: **Gepard**

14. Nagetier mit langem Schwanz: **Ratte**

15. Brutplatz von Vögeln: **Nest**

Male einen Vogel, der ein Ei ausbrütet!

Umkehraufgaben

Zu jeder Plusaufgabe gibt es eine passende Minusaufgabe.
Rechne zunächst die Aufgaben aus und verbinde dann die beiden
zueinandergehörenden Aufgaben mit einem Strich.

BEISPIEL: $44 + 7 = 51$ $51 - 7 = 44$

$17 + 6 =$	$62 - 54 =$
$12 + 13 =$	$34 - 0 =$
$31 + 18 =$	$91 - 10 =$
$8 + 54 =$	$80 - 7 =$
$73 + 7 =$	$23 - 6 =$
$66 + 15 =$	$35 - 26 =$
$47 + 8 =$	$55 - 8 =$
$0 + 34 =$	$81 - 15 =$
$56 + 14 =$	$91 - 14 =$
$81 + 10 =$	$25 - 13 =$
$9 + 26 =$	$70 - 14 =$
$77 + 14 =$	$49 - 18 =$

Lösung auf der nächsten Seite

Lösung: 17 + 6 = 23 › 23 − 6 = 17
12 + 13 = 25 › 25 − 13 = 12
31 + 18 = 49 › 49 − 18 = 31
8 + 54 = 62 › 62 − 54 = 8
73 + 7 = 80 › 80 − 7 = 73
66 + 15 = 81 › 81 − 15 = 66
47 + 8 = 55 › 55 − 8 = 47
0 + 34 = 34 › 34 − 0 = 34
56 + 14 = 70 › 70 − 14 = 56
81 + 10 = 91 › 91 − 10 = 81
9 + 26 = 35 › 35 − 26 = 9
77 + 14 = 91 › 91 − 14 = 77

Taschengeld

Lukas bekommt 8 Euro Taschengeld im Monat;
seit 5 Monaten hat er eisern gespart.
Von seiner Oma bekommt er für sein Zeugnis 5 Euro geschenkt.
Mit diesem Geld geht Lukas ins Sportkaufhaus und kauft sich
einen Fußball, der 40 Euro kostet.
Wie viel Euro behält Lukas?

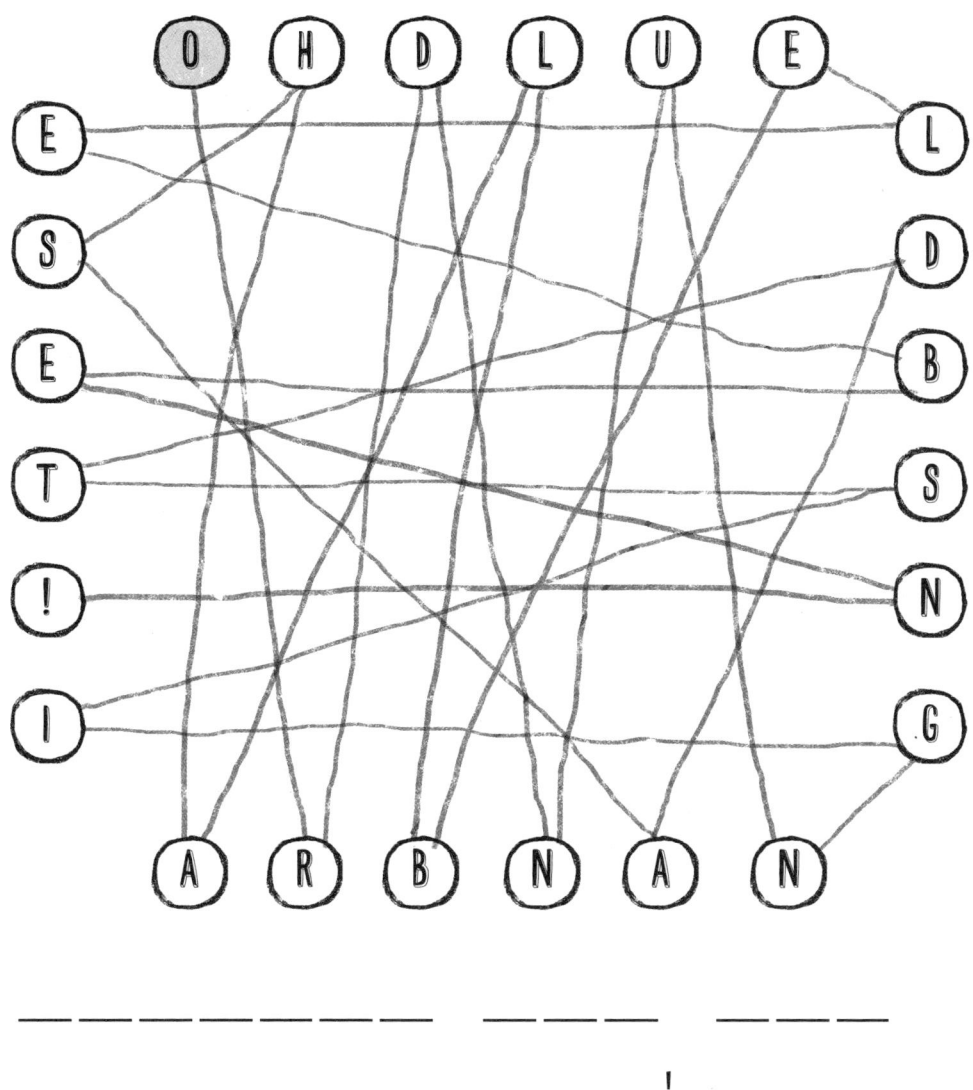

Omas Lieblingssprichwort

Beginne am markierten Anfangsbuchstaben und folge den Linien.
Trage die Buchstaben in der Reihenfolge deines Weges unten ein.
So erfährst du Omas Lieblingssprichwort.

__ __ __ __ __ __ __   __ __ __   __ __ __

__ __ __ __ __   __ __ __ __ __!

Lösung auf der nächsten Seite

Sommerwitze

Fritzchen fragt am Strand: „Gibt es hier giftige Quallen oder Seeigel?" Ein Rettungsschwimmer antwortet: „Aber nein, die Haie haben die längst verspeist!"

Der Skilehrer Anton ist zum ersten Mal an der Nordsee. Es ist gerade Ebbe. „Gemein, jetzt fahre ich einmal ans Meer und es geht einfach weg!"

Zwei Freunde unterhalten sich nach den Ferien. „Und, was hast du denn so in den Ferien gemacht?" „Ich war beim Wellenreiten." „Cool, und? Wie ist es gewesen?" „Einfach schrecklich, der dumme Gaul hat sich nicht ins Wasser getraut."

Was ist die gefährlichste Jahreszeit? Der Sommer: Die Sonne sticht, die Salatköpfe schießen, die Bäume schlagen aus und der Rasen wird gesprengt.

Ein Känguru hüpft durch die Steppe. Plötzlich schaut ein kleiner Pinguin aus dem Beutel am Bauch des Kängurus, wischt sich den Schweiß ab und sagt: „Blöder Schüleraustausch."

Honigbiene

Die Honigbiene fliegt von Blüte zu Blüte – aber sie steuert nicht alle an.
Zeichne ihren Flug ein. Löse dafür die Rechenaufgaben und verbinde dann
alle Blüten, deren Ergebnisse aus der 7er-Reihe kommen, mit einem Strich.
Fange mit der kleinsten Zahl an!

Lösung auf der nächsten Seite

Lösung:

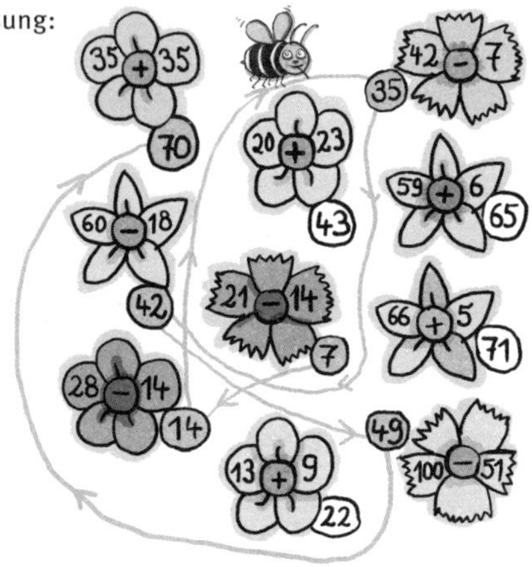
35 + 35
70
42 − 7
35
20 + 23
43
59 + 6
65
60 − 18
42
21 − 14
7
66 + 5
71
28 − 14
14
13 + 9
22
49
100 − 51

Fliegenpilze

Zähle die Punkte auf den Fliegenpilzen zusammen!

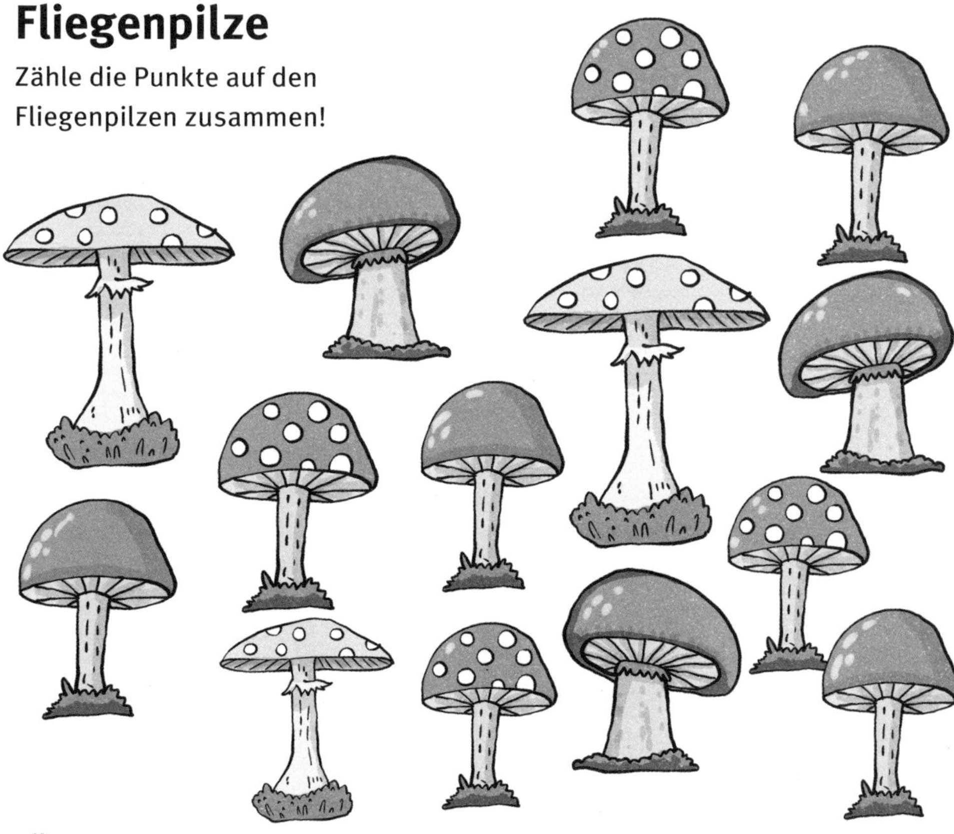

LÖSUNG: ______

Lösung: 53

s, ss oder ß?

Ergänze den Lückentext!

1. Zum Holzschnitzen braucht man ein scharfes Me__er.

2. Schuhe trägt man an den Fü__en.

3. Opa ruht sich in seinem Se__el aus.

4. Auf der Wie__e wachsen Gän__eblümchen.

5. Heute zieht Lena ihre grüne Blu__e an.

6. Auf der Stra__e ist viel Verkehr.

7. Walnü__e wachsen an Bäumen.

8. Oskar hat seinen Schlü__el vergessen.

9. Das Ma__band ist zwei Meter lang.

10. In der Va__e ist Wa__er für die Ro__en.

11. Die Gie__kanne ist rostig.

12. Joscha geht zum Fri__eur, Haare schneiden.

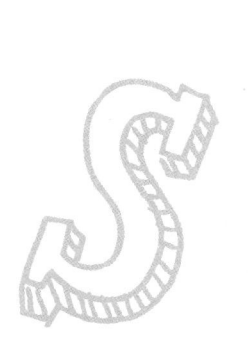

Lösung auf der nächsten Seite

Male auf die Straße verschiedene Fahrzeuge.

Dreierlei

Male immer drei Dinge mit derselben Farbe aus, die zusammengehören.

Lösung auf der nächsten Seite

Lösung: Schirm – Gummistiefel – Regenjacke | Sonne – Mond – Stern | Stuhl – Tisch – Schrank |
Fliege – Biene – Mücke

Male denjenigen, den die Mücke stechen soll!

Salat anpflanzen

Opa Mustafa will auf seinem Gemüsebeet Salat anpflanzen.
Es muss immer eine Pflanze im Abstand von drei Kästchen in die Erde
gesetzt werden. Trage das so unten in das Gitter ein und zähle,
wie viele Salatpflanzen ins Beet kommen.

_____ SALATPFLANZEN SETZT OPA MUSTAFA INS BEET.

Lösung auf der nächsten Seite

Lösung:

57 Salatpflanzen setzt Opa Mustafa ins Beet.

Gemüseanbau

Opa Mustafa hat einen großen Garten und baut viel Gemüse an.
Kürbis baut er in 3 Reihen mit je 4 Pflanzen an. Für Tomaten hat er 2 Reihen
mehr zur Verfügung mit je 8 Pflanzen. Die Bohnen setzt er in einer Reihe
mehr als die Tomaten mit je 7 Pflanzen an, und für Kartoffeln braucht er
4 Reihen mehr als für den Kürbis mit je 10 Pflanzen.
Wie viele Pflanzen hat er von jeder Sorte und wie viele Gemüsepflanzen
setzt er insgesamt in die Erde?

Kürbis: ___ • ___ = ___

Tomaten: ___ • ___ = ___

Bohnen: ___ • ___ = ___

Kartoffeln: ___ • ___ = ___

Insgesamt: _____ Pflanzen

Schmetterlinge

Nur ein Schmetterling sieht genauso aus wie der Große.
Kannst du ihn entdecken?

Lösung auf der nächsten Seite

Lösung:

Male einen bunten Schmetterling.

Buchstabenschnecke

Von wegen Schnecken sind langsam! Schreibe von innen nach
außen jeden zweiten Buchstaben auf. Was kannst du lesen?

LÖSUNG:

— — — —   — — — —   — — — —

— — — — — — — — — — — — — — — — .

Lösung auf der nächsten Seite

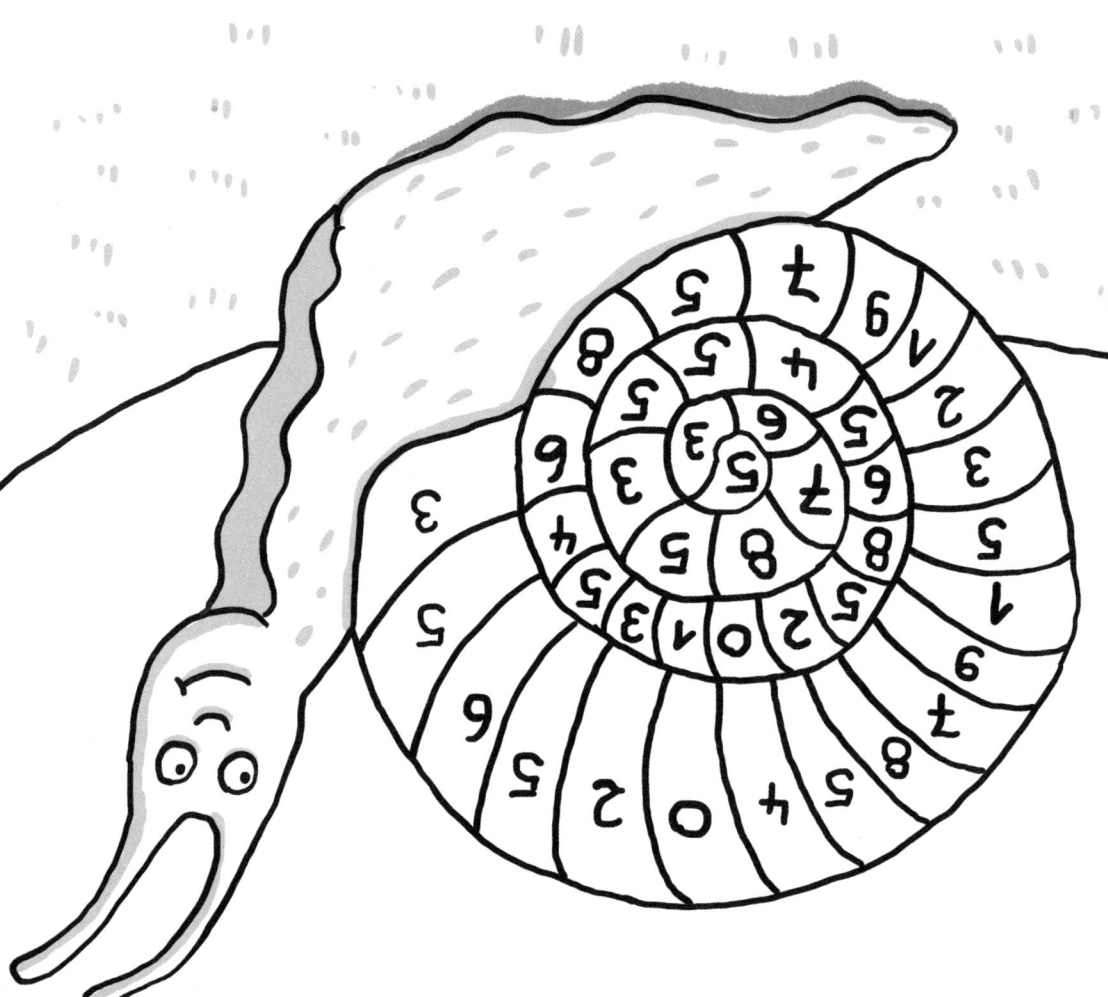

Zahlenschnecke

Wie oft kannst du auf dem Schneckenhaus die Zahl 5 erkennen?

Feld mit 100 Zahlen

Für jedes Bild steht eine Zahl. Schreibe sie unten auf.

1	2	3	4	5	6	7	8	9	10
11		⭐					🍎		20
21				🌼					30
31									40
41		☕							50
51						🐞			60
61			🐝						70
71								🐤	80
81					🍓				90
91	92	93	94	95	96	97	98	99	100

BEISPIEL:

⭐ = __13__   🐝 = _____   🍎 = _____   🍓 = _____

🌼 = _____   ☕ = _____   🐞 = _____   🐤 = _____

Lösung auf der nächsten Seite

Lösung:

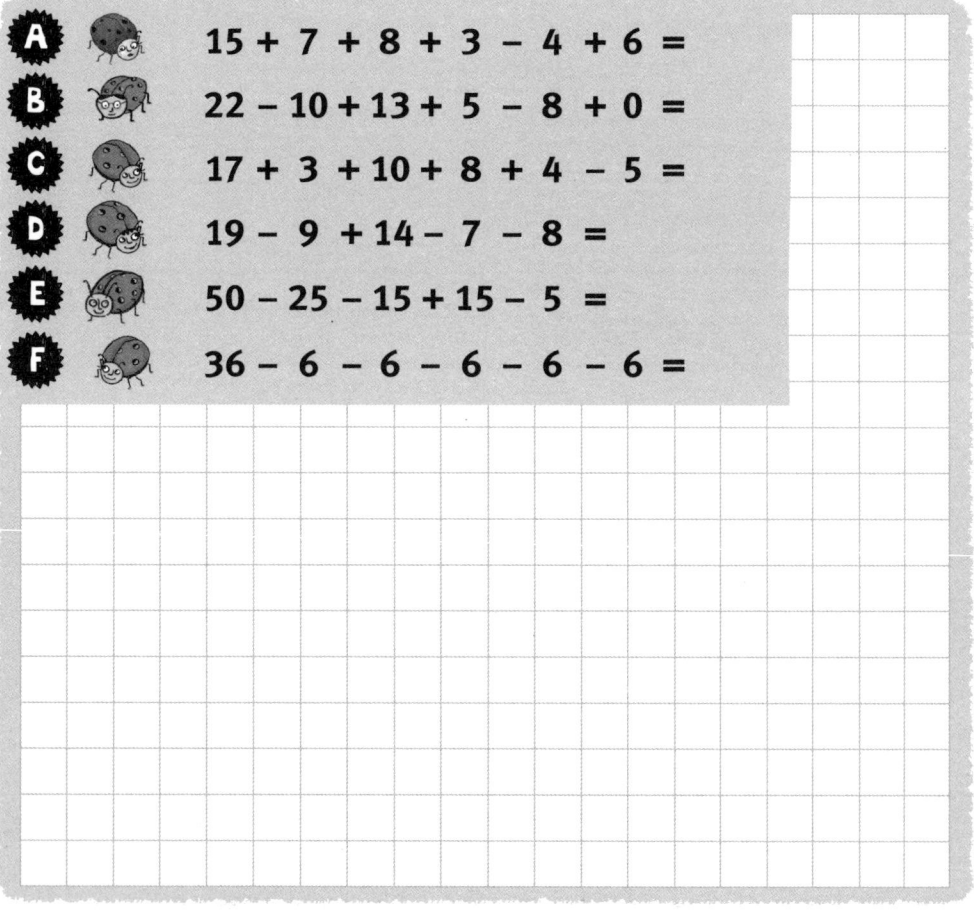

⭐ =	13	🐝 =	64	🍎 =	18	🍓 =	86
🌼 =	25	☕ =	43	🐞 =	57	🐥 =	79

Marienkäferrennen

Rechne die Aufgaben und du weißt, welcher Marienkäfer
der Schnellste ist. Das kleinste Ergebnis gewinnt.

A $15 + 7 + 8 + 3 - 4 + 6 =$

B $22 - 10 + 13 + 5 - 8 + 0 =$

C $17 + 3 + 10 + 8 + 4 - 5 =$

D $19 - 9 + 14 - 7 - 8 =$

E $50 - 25 - 15 + 15 - 5 =$

F $36 - 6 - 6 - 6 - 6 - 6 =$

Gewonnen hat Marienkäfer _____

Reimwörter

Welches Wort reimt sich auf das erste Bild in jeder Reihe? Kreuze es an.

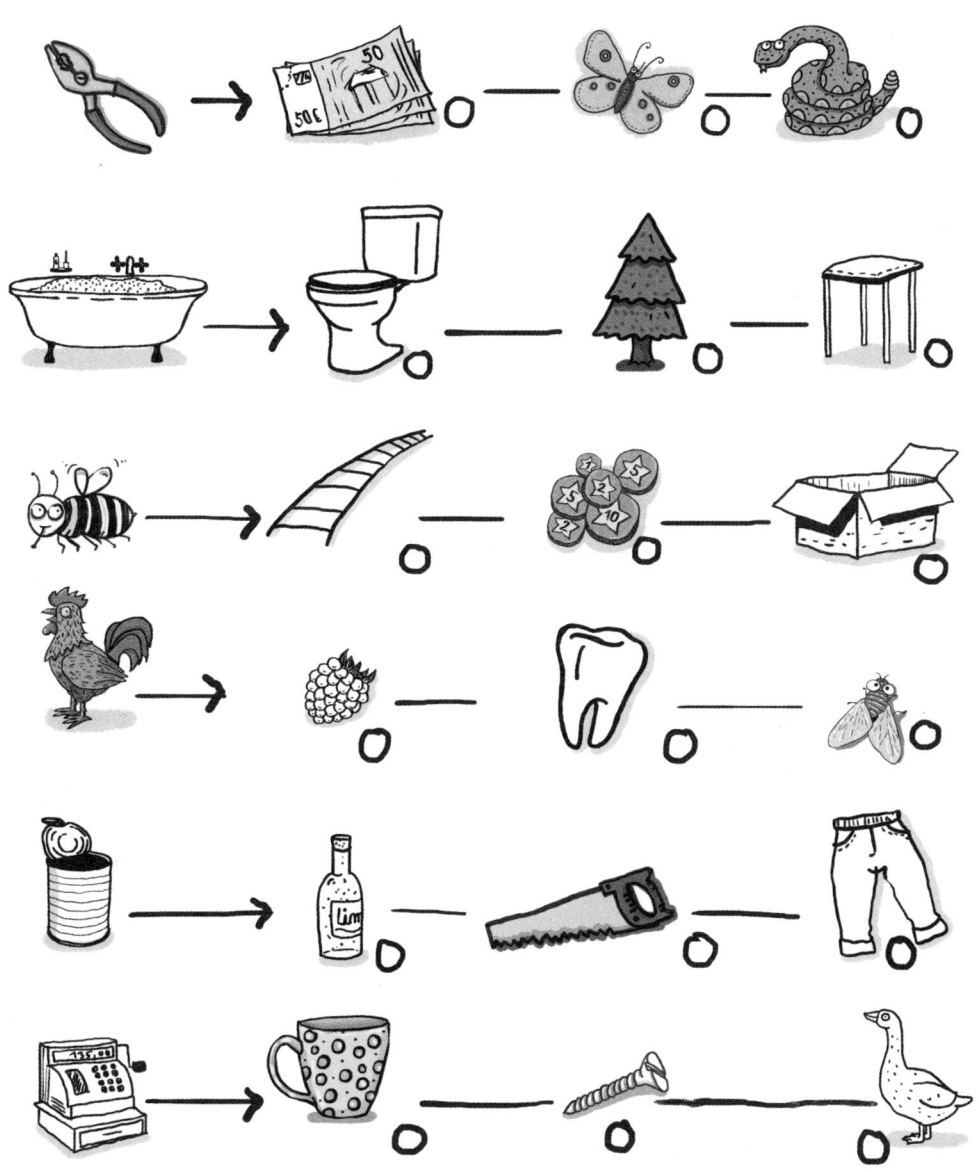

Lösung auf der nächsten Seite

Male ein buntes Muster auf das Handtuch

Silbenberufe

Setze aus den Silben Berufe zusammen. Die Formen verraten dir, welche Silben zusammengehören. Schreibe die Berufe unten noch einmal auf.

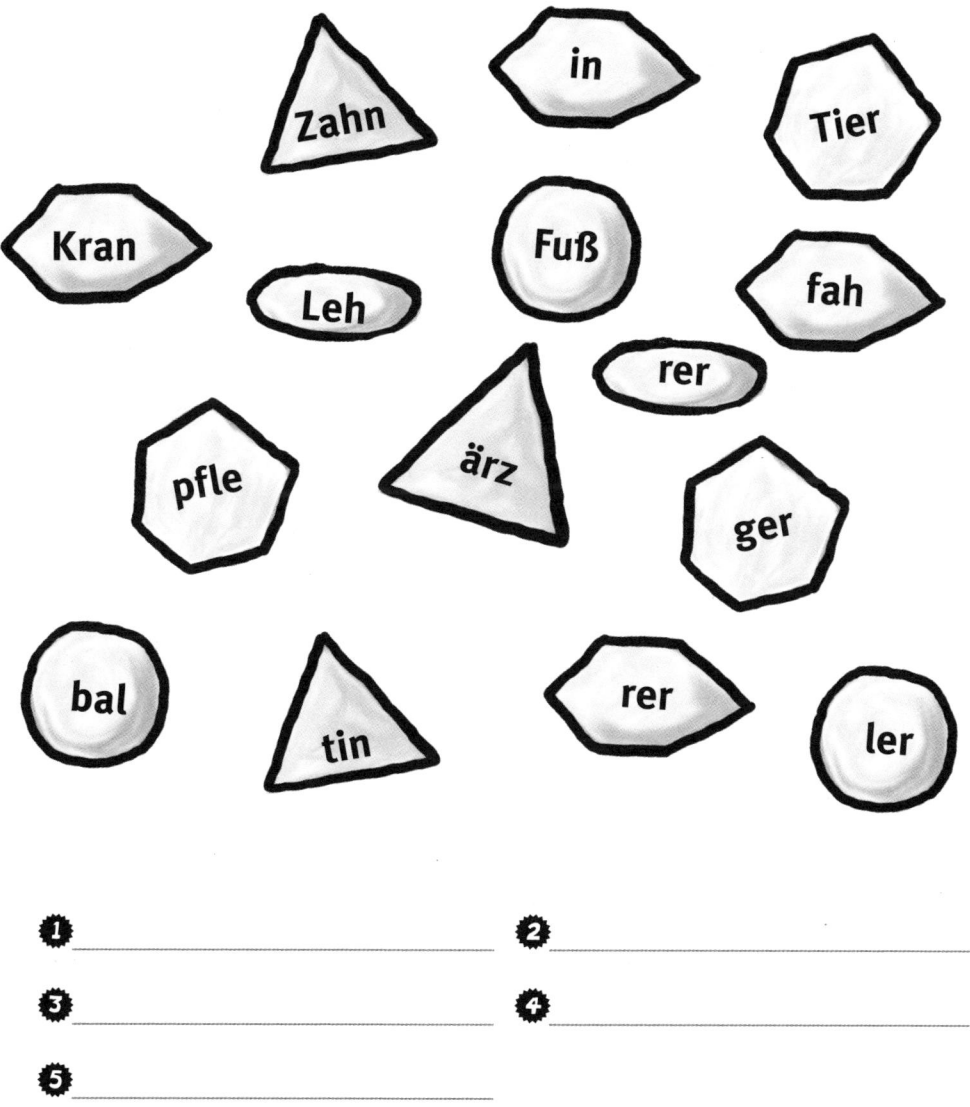

1 _____ **2** _____

3 _____ **4** _____

5 _____

Lösung auf der nächsten Seite

Lösung: Kranfahrerin, Zahnärztin, Tierpfleger, Lehrer, Fußballer

Frauen können das natürlich auch!

Wie heißen die weiblichen Bezeichnungen für folgende Berufe?

1 Kinderarzt ➡ _____

2 Krankenpfleger ➡ _____

3 Fußballer ➡ _____

4 Prinz ➡ _____

5 Hausmann ➡ _____

6 Hirte ➡ _____

7 Friseur ➡ _____

8 Torwart ➡ _____

Lösung: 1. Kinderärztin, 2. Krankenschwester, 3. Fußballerin, 4. Prinzessin, 5. Hausfrau, 6. Hirtin, 7. Friseurin, 8. Torfrau

Feldmauslabyrinth

Die Feldmaus will in ihre Höhle. Zeichne den richtigen Weg ein.

Lösung auf der nächsten Seite

WÜSTENSPRINGMAUS

LÖWE

BLINDSCHLEICHE

SCHMETTERLING

EICHHÖRNCHEN

ADLER

HÖHLENSPINNE

GROTTENOLM

FUCHS

MAULWURF

Unter der Erde

Kreise die Tiernamen ein, die ihr Zuhause in einer Höhle unter der Erde oder unter Steinen haben!

Lösung:

Freizeitquiz

Kreuze die richtige Antwort an.

1. Ein Tutu (französisch, wird ausgesprochen Tütü) ist ...

○ **a.** ... ein Stinkekäse.

○ **b.** ... ein Ballettrock aus mehreren Schichten Tüll.

○ **c.** ... eine französische Automarke.

2. Wer Badminton spielt, hat einen ...

○ **a.** ... Federball in der Hand.

○ **b.** ... Motorradhelm auf dem Kopf.

○ **c.** ... Pfefferminzbonbon im Mund.

3. Wer einen Gegenstand aus Ton herstellt, ist ein ...

○ **a.** ... Töpfer.

○ **b.** ... Musiker.

○ **c.** ... Maurer.

4. Wenn man eine Yoga-Stunde besucht, will man ...

○ **a.** ... sich mal richtig austoben.

○ **b.** ... ein neues Musikinstrument ausprobieren.

○ **c.** ... Körper und Geist ins Gleichgewicht bringen.

5. Eisschnellläufer trainieren im Sommer ...

○ **a.** ... gar nicht.

○ **b.** ... auf Inlinern.

○ **c.** ... am Nordpol.

6. Voltigieren ist ...

○ **a.** ... Stromkästen auseinandernehmen.

○ **b.** ... große Vogelkäfige zusammenbauen.

○ **c.** ... auf dem Rücken von Pferden turnen.

Fortsetzung und Lösung auf der nächsten Seite

7. Mit den Pfadfindern macht man ...

○ **a.** ... viele Fahrten ins Zeltlager.

○ **b.** ... die weißen Striche auf der Straße als Fahrbahnmarkierung.

○ **c.** ... die Karten für Navigationsgeräte.

8. In Museen kann man ...

○ **a.** ... schwimmen lernen.

○ **b.** ... sich Kunstwerke ansehen.

○ **c.** ... Apfelmus herstellen.

9. Wer im Abseits steht, ...

○ **a.** ... hat beim Fußballspiel eine Regel verletzt.

○ **b.** ... hat eine Verletzung.

○ **c.** ... mag keine Schokolade.

10. Flamenco ist ...

○ **a.** ... eine Flamingoart.

○ **b.** ... ein spanischer Tanz zu Gitarrenmusik.

○ **c.** ... eine Flammenwerferkunst.

11. Ornithologen sind ...

○ **a.** ... Ohrenschmalzentferner.

○ **b.** ... Taubstummenübersetzer.

○ **c.** ... Vogelkundler.

12. Wer Origami macht, ...

○ **a.** ... bastelt Figuren aus Papier.

○ **b.** ... macht Kunststücke auf dem Einrad.

○ **c.** ... dressiert Zwergkaninchen.

Lösung: 1b, 2a, 3a, 4c, 5b, 6c, 7a, 8b, 9a, 10b, 11c, 12a

Perlenstränge

Ein Perlenstrang ist hier doppelt abgebildet.
Kreise die beiden gleichen ein!

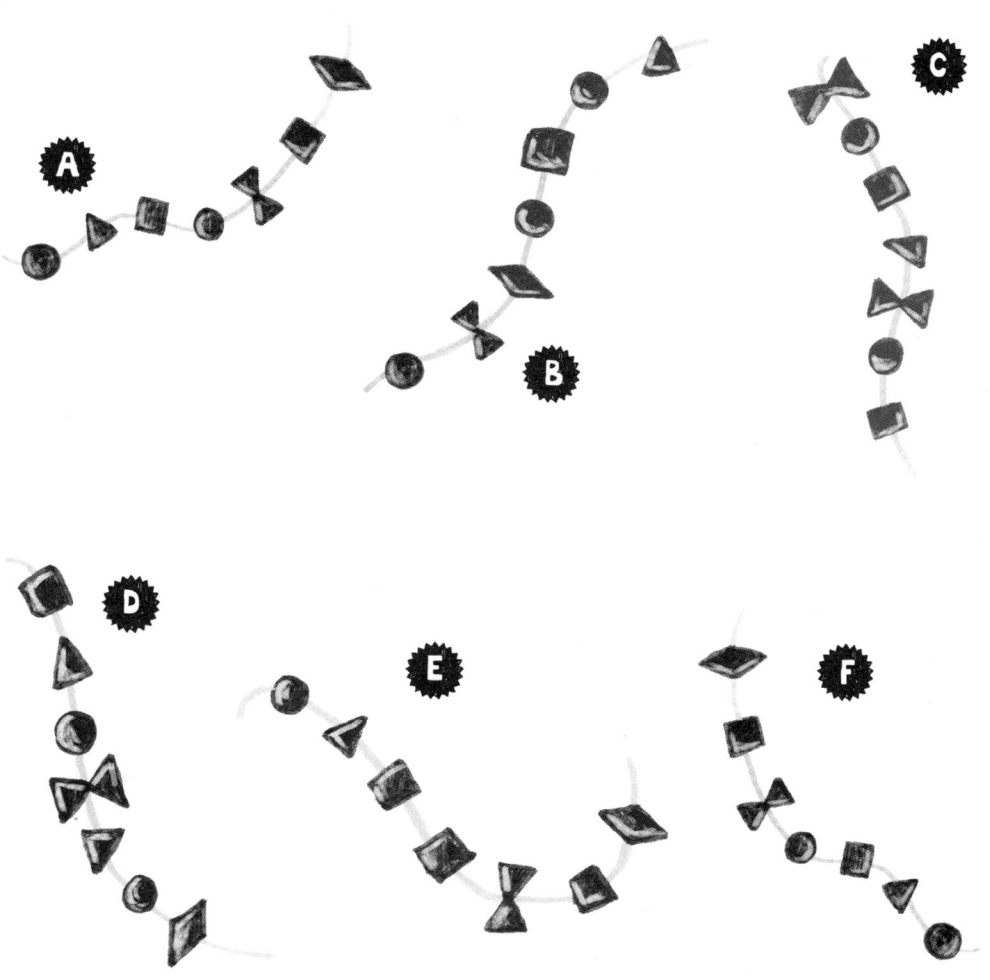

Lösung: Die Perlenstränge A und F sind identisch.

Male deinen Lieblingsschmuck!

Wortstücke

Verbinde immer zwei Wörter miteinander, die zusammen ein
sinnvolles Wort ergeben.

Sport	Schirm
Kugel	Block
Henkel	Marke
Koch	Schreiber
Zeit	Tasche
Lampen	Topf
Handy	Flasche
Brief	Tasse
Wasser	Schrift
Rätsel	Platz

Lösung auf der nächsten Seite

Lösung: Sportplatz, Kugelschreiber, Henkeltasse, Kochtopf, Zeitschrift, Lampenschirm, Handytasche, Briefmarke, Wasserflasche, Rätselblock

Male ein Sportgerät, das du besonders magst!

Peter, der Wellensittich

Familie Puttenkötter hat ein neues Haustier. Wo wohnt der Wellensittich?
Bringe die Buchstaben in die richtige Reihenfolge.
Der erste Buchstabe ist markiert.

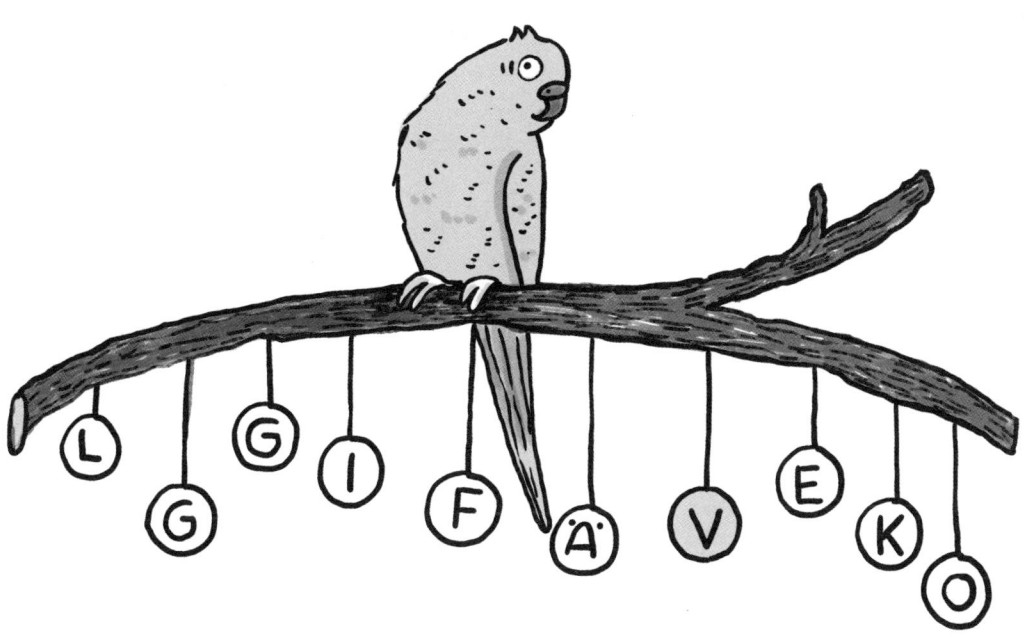

LÖSUNG:

— — — — — — — — —

Lösung auf der nächsten Seite

Male den Wellensittich bunt aus.

Buchstabensalat für Anfänger

Suche die folgenden Wörter im Buchstabensalat und unterstreiche sie.

EISMEER ☆ **LUFTMATRATZE** ☆ **WASSERBALL** ☆
ZELT ☆ **HANDTUCH** ☆ **SONNE** ☆ **LIMONADE**

```
Q W E R T U I E I S M E E R L K J H
G F R E D T D E S G B H N K T Z M
N B G H V F K C J L I M O N A D E
S O M M E R F B G H T Z F B N
K J H Z G K L S O M E R D F G R E W
S A C V S O N N E V B R T Z B
M N G H A N D T U C H S E R E I S
F R U T T H Z G Z F A W S F R M F
E I E R K U C H E N Z E L T H G T
F R D S E R W E R T F J K I L O K U
F E R I E N S O N N M N G B H T
F R G T S F L U F T M A T R A T Z E
M J G H F Z S H W A S E R
W A S S E R B A L L S S E R G H T W
W T O A U T O T O O B X D F G H N M
O T U T A O T T A A U T T O A U T
```

Lösung auf Seite 118

Buchstabensalat für Fortgeschrittene

Suche folgende Wörter im Buchstabensalat und unterstreiche sie.
Achtung: Die gesuchten Wörter können auch über zwei Zeilen gehen.

BLEISTIFT ☆ **TAFEL** ☆ **LEHRER** ☆ **KLASSE** ☆
SCHULBANK ☆ **AULA** ☆ **SCHULRANZEN** ☆ **BROTDOSE**

```
Q W T A F E L E I S Z U O P L K J H
G F R E D T D E S G B H N K T Z
M N B G H V F K C J L S K I M O N O
S O M M E R F B G H T S C H U L
B A N K K L B R O T D O S E
R E W S A C V S O N N E V B R T Z B
M N G H R T F D K L A S S E E I S
F R U T T H Z G Z F A W S F R M F
E I E R K U C H E N Z E L T H G T
F R D S E R W E R T F J K I L O K U F E R
I E N B L E I S T I F T T F R G T S F A G L
I M G S B G S B V M S C H U L R A N
Z E N R W A S S E R R E W A S S E R
G H T W L E H R E R T O O T A U T U
A T T O T U T A O T T A A U L A O A U T
```

Lösung auf Seite 118

Buchstabensalat für Profis

Du musst zuerst die Buchstaben der folgenden Wörter in die richtige
Reihenfolge bringen, bevor du sie unten finden kannst.
Der erste Buchstabe ist immer markiert.

KLEINER TIPP: Man kann alles essen und trinken.

D U N L E N = __ __ __ __ __ __   L A T A S = __ __ __ __ __

K O S C H A D O L E = __ __ __ __ __ __ __ __ __ __

S K E K E = __ __ __ __ __   M O M P E S = __ __ __ __ __ __

L O C A = __ __ __ __

B A M H U R G E R = __ __ __ __ __ __ __ __ __

F A P F S E L A T = __ __ __ __ __ __ __ __ __

Q W E R T S A L A T Z U O P L K J H G F R E D T D E S G
B H N K T Z M N B G H V F K E K S E K I M O N O
S O M M E R F B G H T Z F B N U D E L N K L S O M
E R D F G R E W S A C V S O N N E V B R T Z B
M N G H R T F D R E I S E R E I S F R U T T H
Z G Z F A W S F H A M B U R G E R K C O L A Z E
L T H G T F R D S E R W E R T F J K I L O F E R
I E N S O N N M N G B H T F R G T S F A G L I
S C H O K O L A D E G H F Z S H W A P O M M E S
S E R R E W A S S E R G H T W W T O A U T O
T O O T A U T U A P F E L S A F T T T A A U T T O A U T

Lösung auf Seite 118

Lösung

Seite 115:

```
Q W E R T U I E I S M E E R L K J H
G F R E D T D E S G B H N K T Z M
N B G H V F K C J L I M O N A D E
S O M M E R F B G H T Z F B N
K J H Z G K L S O M E R D F G R E W
S A C V S O N N E V B R T Z B
M N G H A N D T U C H S E R E I S
F R U T T H Z G Z F A W S F R M F
E I E R K U C H E N Z E L T H G T
F R D S E R W E R T F J K I L O K U
F E R I E N S O N N M N G B H T
F R G T S F L U F T M A T R A T Z E
M J G H F Z S H W A S E R
W A S S E R B A L L S S E R G H T W
W T O A U T O T O O B X D F G H N M
O T U T A O T T A A U T T O A U T
```

Seite 116:

```
Q W T A F E L E I S Z U O P L K J H
G F R E D T D E S G B H N K T Z
M N B G H V F K C J L S K I M O N O
S O M M E R F B G H T S C H U L
B A N K K L B R O T D O S E
R E W S A C V S O N N E V B R T Z B
M N G H R T F D K L A S S E E I S
F R U T T H Z G Z F A W S F R M F
E I E R K U C H E N Z E L T H G T
F R D S E R W E R T F J K I L O K U F E R
I E N B L E I S T I F T T F R G T S F A G L
I M G S B G S B V M S C H U L R A N
Z E N R W A S S E R R E W A S S E R
G H T W L E H R E R T O O T A U T U
A T T O T U T A O T T A A U L A O A U T
```

Seite 117:

```
Q W E R T S A L A T Z U O P L K J H G F R E D T D E S G
B H N K T Z M N B G H V F K E K S E K I M O N O
S O M M E R F B G H T Z F B N U D E L N K L S O M
E R D F G R E W S A C V S O N N E V B R T Z B
M N G H R T F D R E I S E R E I S F R U T T H
Z G Z F A W S F H A M B U R G E R K C O L A Z E
L T H G T F R D S E R W E R T F J K I L O F E R
I E N S O N N M N G B H T F R G T S F A G L I
S C H O K O L A D E G H F Z S H W A P O M M E S
S E R R E W A S S E R G H T W W T O A U T O
T O O T A U T U A P F E L S A F T T T A A U T T O A U T
```

Zelten

Lara fährt in den Sommerferien zelten. Welche Sachen hat sie mitgenommen, die sie dort gar nicht braucht?
Kreise die 5 überflüssigen Dinge ein und male das Bild bunt aus.

GAS

Lösung auf der nächsten Seite

Lösung:

Was würdest du zum Zelten mitnehmen?

 1

 2

 3

 4

 5

 6

 7

 8

 9

 10

Tiere gesucht

Füge die Namen der Tiere in das Kreuzworträtsel ein.
Die markierten Kästchen ergeben ein Tier, das nicht gut sehen kann.

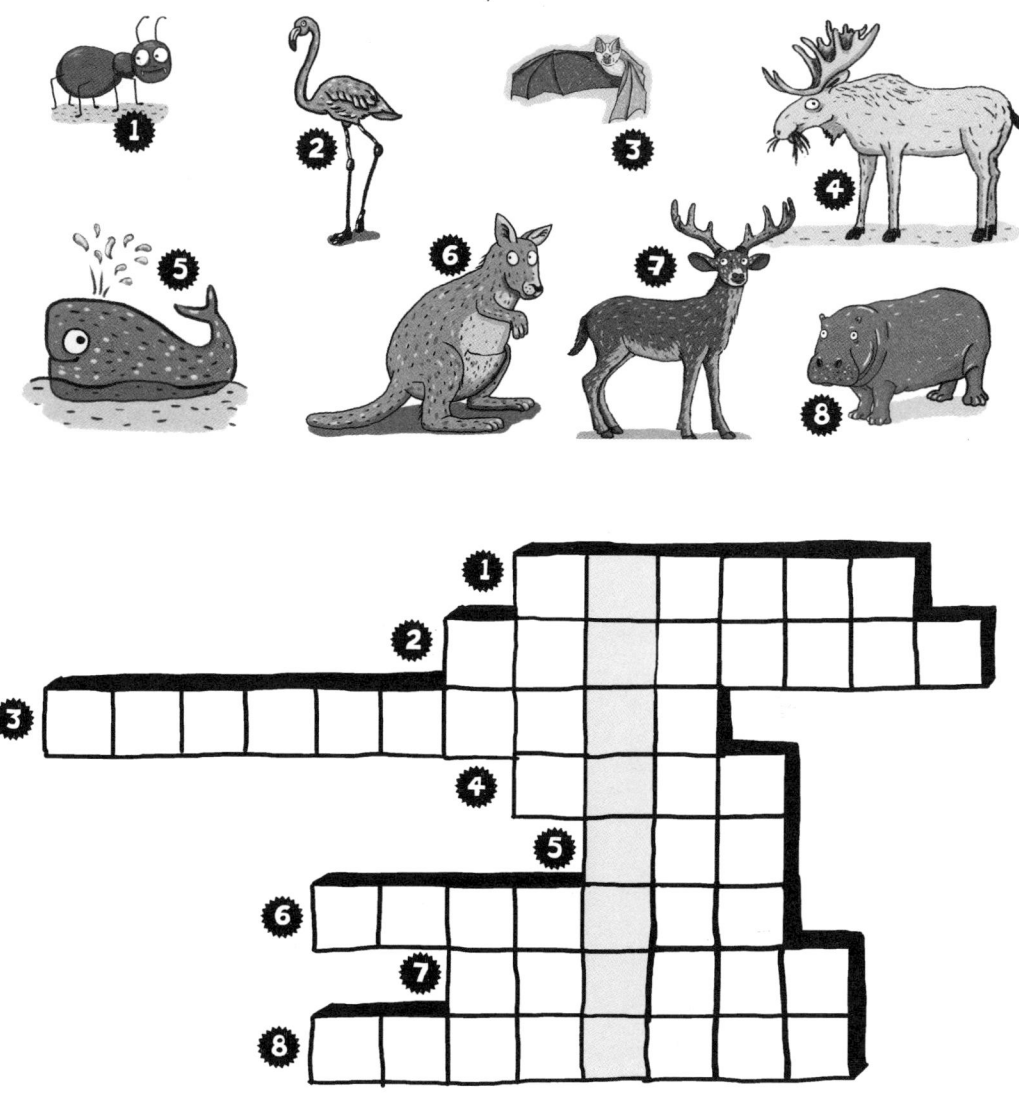

Lösung auf der nächsten Seite

Lösung:

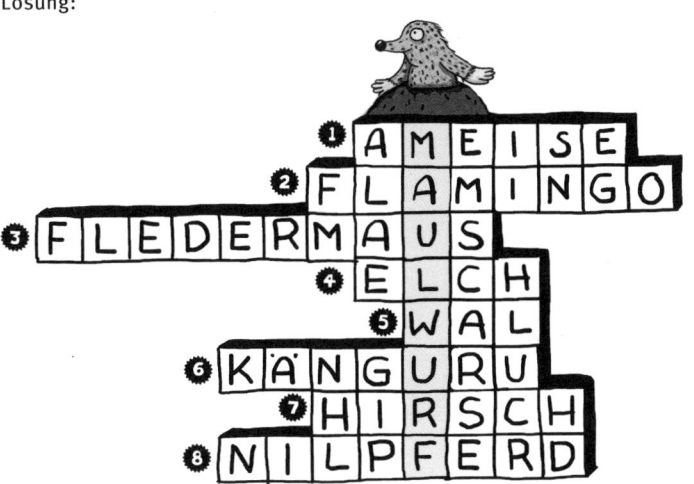

1. AMEISE
2. FLAMINGO
3. FLEDERMAUS
4. ELCH
5. WAL
6. KÄNGURU
7. HIRSCH
8. NILPFERD

Male zum Wal noch andere Meerestiere!

Schuhsuche

Linus hat seinen zweiten Flipflop
verloren und muss ihn nun suchen.
Zeichne den richtigen Weg ein!

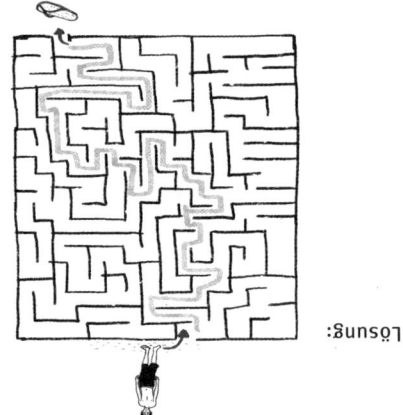

Verziere deine Flipflops mit Muster oder Blüten!

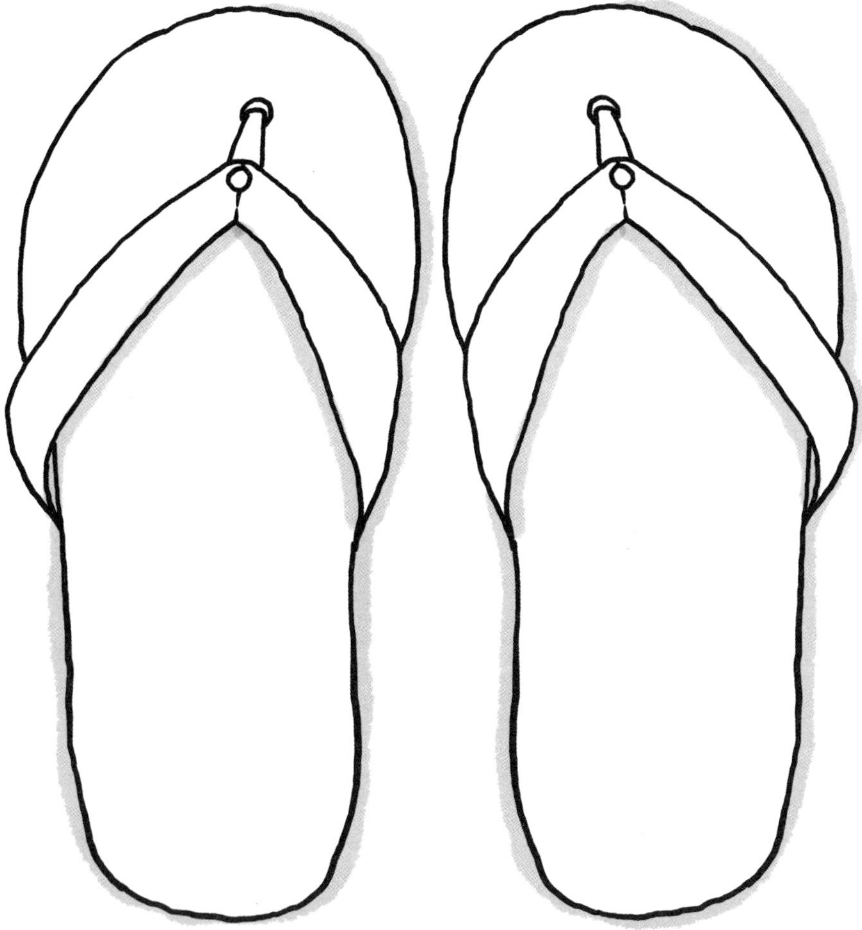

Lösung:

Wie spät ist es?

Zu jeder Zeigerstellung kannst du zwei Uhrzeiten ablesen, eine morgens und eine abends. Schreibe die zwei Uhrzeiten auf!

BEISPIEL:

11:30 Uhr

23:30 Uhr

Lösung auf der nächsten Seite

Uhrenwitze

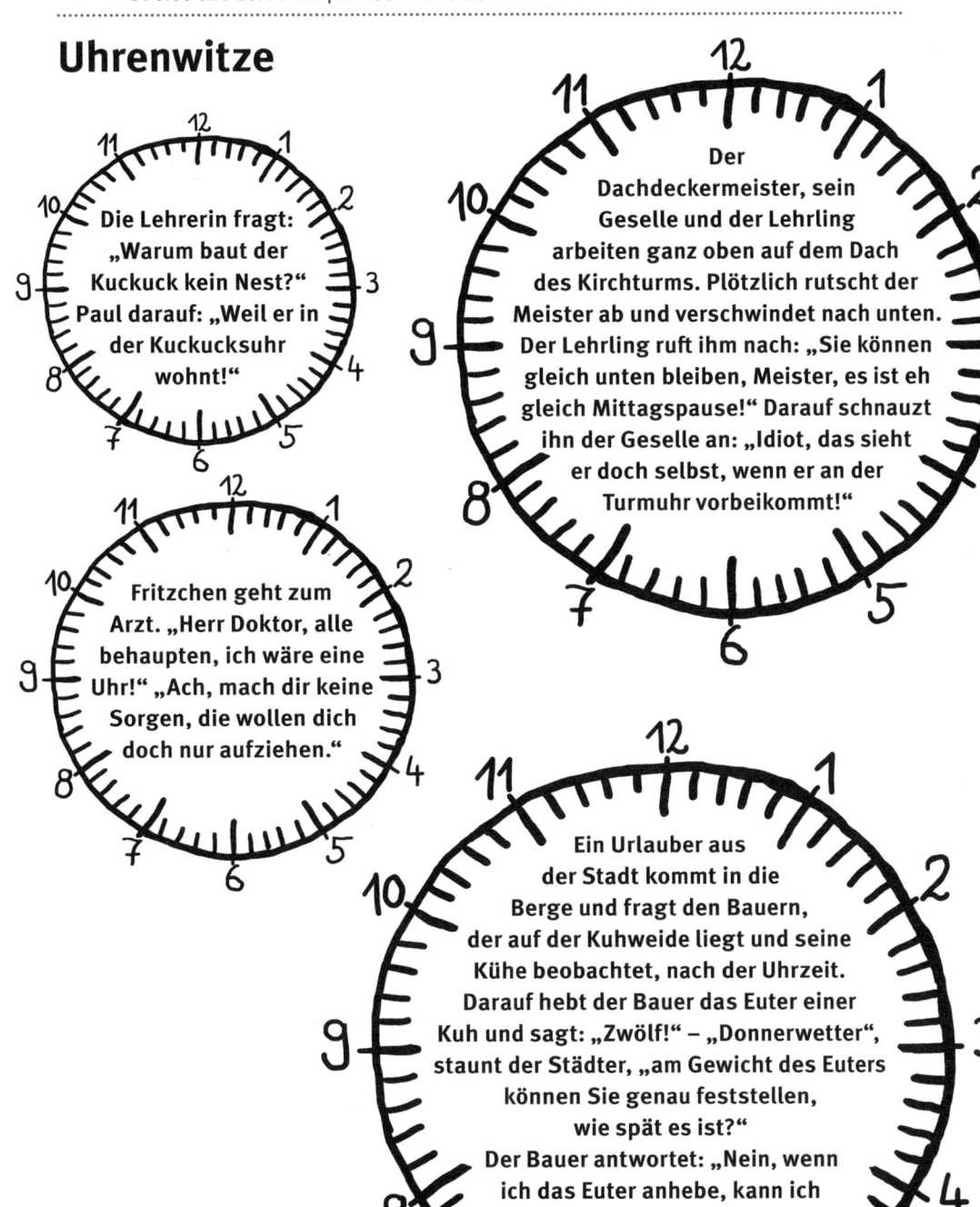

Die Lehrerin fragt: „Warum baut der Kuckuck kein Nest?" Paul darauf: „Weil er in der Kuckucksuhr wohnt!"

Der Dachdeckermeister, sein Geselle und der Lehrling arbeiten ganz oben auf dem Dach des Kirchturms. Plötzlich rutscht der Meister ab und verschwindet nach unten. Der Lehrling ruft ihm nach: „Sie können gleich unten bleiben, Meister, es ist eh gleich Mittagspause!" Darauf schnauzt ihn der Geselle an: „Idiot, das sieht er doch selbst, wenn er an der Turmuhr vorbeikommt!"

Fritzchen geht zum Arzt. „Herr Doktor, alle behaupten, ich wäre eine Uhr!" „Ach, mach dir keine Sorgen, die wollen dich doch nur aufziehen."

Ein Urlauber aus der Stadt kommt in die Berge und fragt den Bauern, der auf der Kuhweide liegt und seine Kühe beobachtet, nach der Uhrzeit. Darauf hebt der Bauer das Euter einer Kuh und sagt: „Zwölf!" – „Donnerwetter", staunt der Städter, „am Gewicht des Euters können Sie genau feststellen, wie spät es ist?" Der Bauer antwortet: „Nein, wenn ich das Euter anhebe, kann ich die Kirchturmuhr sehen!"

Familie Puttenkötter

Lies dir den Text mehrmals gut durch und präge ihn dir ein. Dann decke ihn mit der Hand oder einem Stück Papier ab und kreuze die richtigen Antworten aus dem Gedächtnis an!

Mama Heike ist 37 Jahre alt. Ihr Mann Frank ist zwei Jahre jünger. Opa Heinz ist der Vater von Mama Heike und 75 Jahre alt. Die Kinder Lukas (12 Jahre), Simon (10 Jahre) und Luzie (2 Jahre) leben mit Mama, Papa, Opa und Hund Bruno in einem Haus. Halbschwester Liane (14 Jahre) ist eine Tochter von Papa Frank aus seiner ersten Ehe und kommt jedes Wochenende ins Haus der Familie Puttenkötter.

1. Wie alt ist Papa Frank?

◯ 35 ◯ 37 ◯ 39

2. Opa Heinz ist der Vater von

◯ Papa Frank ◯ Mama Heike ◯ Tochter Luzie

3. Wie heißt das älteste Kind von Papa Frank?

◯ Simon ◯ Lukas ◯ Liane

4. Wie alt ist Luzie?

◯ 14 Jahre ◯ 10 Jahre ◯ 2 Jahre

5. Wie viele Beine gehören zur gesamten Familie am Wochenende?

◯ 14 ◯ 16 ◯ 18

Lösung auf der nächsten Seite

Lösung: 1. Papa Frank ist 35 Jahre alt. | 2. Opa Heinz ist der Vater von Mama Heike. |
3. Das älteste Kind heißt Liane. | 4. Luzie ist 2 Jahre alt. | 5. Am Wochenende sind Mama,
Papa, Opa, Lukas, Simon, Luzie, Liane und Hund Bruno im Haus der Familie.
Das sind also 14 Menschenbeine und 4 Hundebeine = 18 Beine.

Wer gehört zu meiner Familie?

Schreibe alle Namen von Familienmitgliedern auf,
die dir einfallen!

Mama	
Papa	
Schwestern	
Brüder	
Großeltern	
Urgroßeltern	
Tanten	
Onkel	
Cousinen	
Cousins	

Zwei Beschreibungen – eine Antwort!

Bilde aus den Beschreibungen jeweils ein neues Hauptwort und
schreibe es auf!

A 1. Ein Gebäude, in dem man wohnen kann

2. Bezeichnung von Lebewesen, die keine Menschen
oder Pflanzen sind

— — — — — — — — —

B 1. Hellen einen Raum auf

2. Spannt man bei Regen oder Sonne auf

— — — — — — — — — — —

C 1. Sitzmöbel, meist aus Holz

2. Körperteil oberhalb des Fußes

— — — — — — — —

D 1. Gegenteil der Hölle

2. Ein Möbel, in dem man schläft

— — — — — — — — —

E 1. Ein Tuch, das dem Antrieb durch Wind dient

2. Ein kleines Wasserfahrzeug

— — — — — — — — —

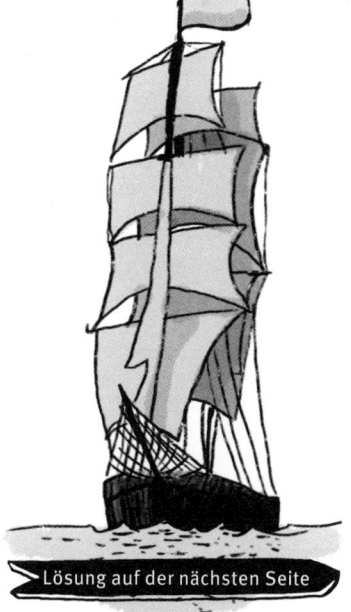

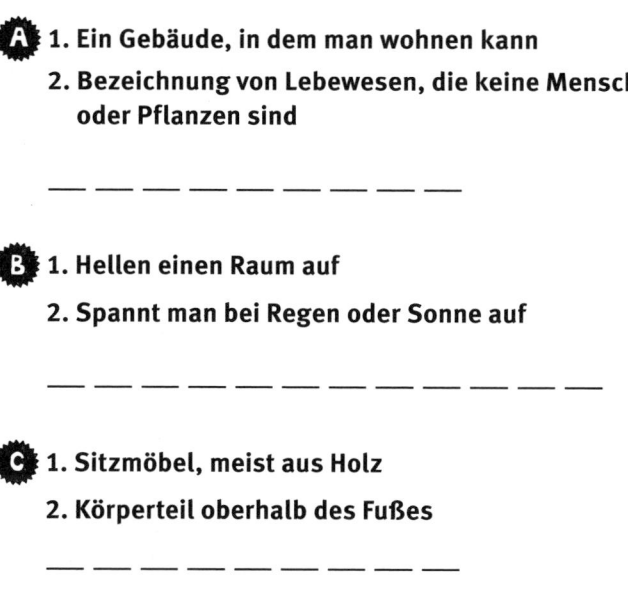

Lösung auf der nächsten Seite

Pilzarten

Rate, welche 6 Pilznamen erfunden sind, und streiche diese durch!

Raubtiere

Schreibe zuerst die Namen der Tiere unter die Bilder.
Dann umkreise die Tiere, die zu den Raubtieren gehören!

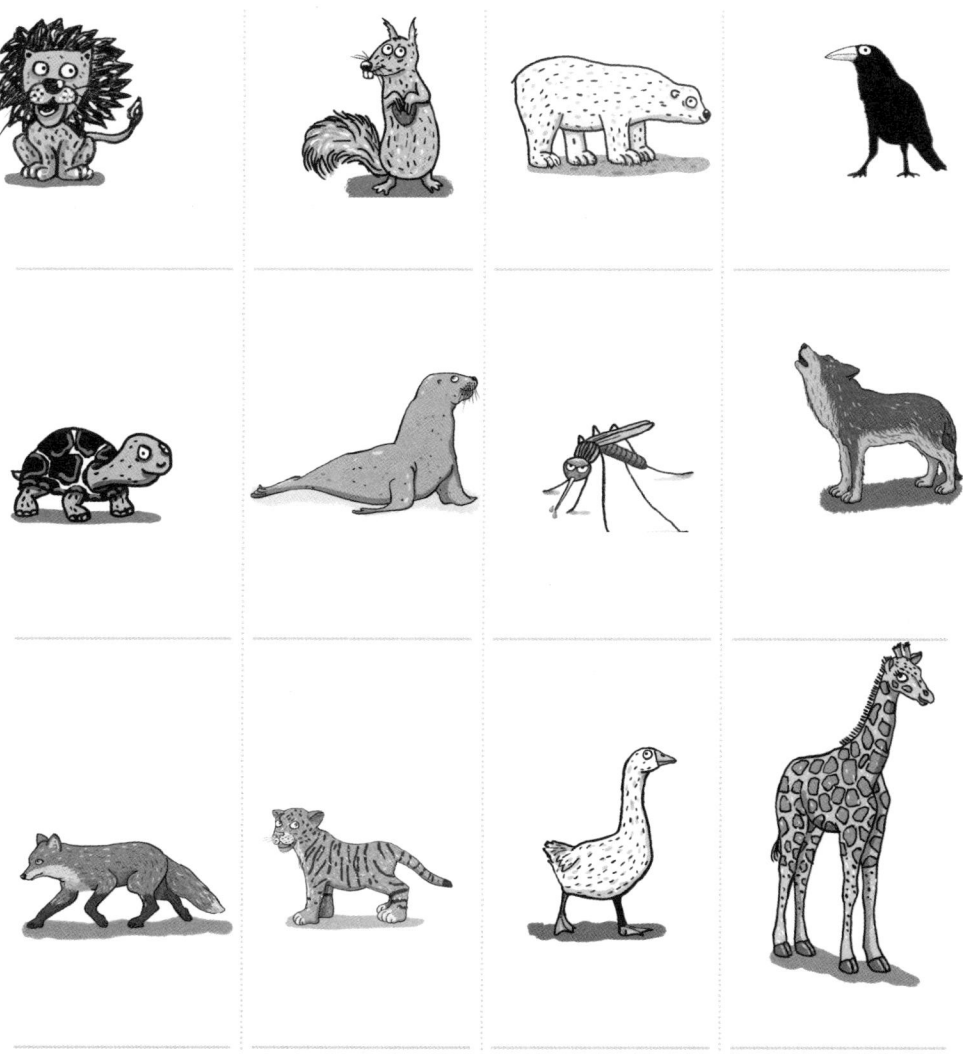

Lösung auf der nächsten Seite

Male ein gefährliches Raubtier!

Nummernschilder

Zähle die einzelnen Zahlen der Nummernschilder zusammen.
Weißt du auch, aus welcher Stadt die Autos kommen? Dann schreibe
die Stadt unter das Nummernschild.

Beispiel: | DD–P 9876 | $9 + 8 + 7 + 6 = 30$
Dresden

1) | B–AB 4523 | ☐ + ☐ + ☐ = ☐

_____

2) | HH–GK 3794 | ☐ + ☐ + ☐ = ☐

_____

3) | F–FP 8567 | ☐ + ☐ + ☐ = ☐

_____

4) | EF–SD 4321 | ☐ + ☐ + ☐ = ☐

_____

5) | M–MN 4578 | ☐ + ☐ + ☐ = ☐

_____

6) | HRO–ZT 5640 | ☐ + ☐ + ☐ = ☐

_____

7) | D–LK 9128 | ☐ + ☐ + ☐ = ☐

_____

8) | P–IP 3784 | ☐ + ☐ + ☐ = ☐

_____

Lösung auf der nächsten Seite

Lösung:

1. B–AB 4523
   Berlin
   $4 + 5 + 2 + 3 = 14$

2. HH–GK 3794
   (Hansestadt) Hamburg
   $3 + 7 + 9 + 4 = 23$

3. F–FP 8567
   Frankfurt am Main
   $8 + 5 + 6 + 7 = 26$

4. EF–SD 4321
   Erfurt
   $4 + 3 + 2 + 1 = 10$

5. M–MN 4578
   München
   $4 + 5 + 7 + 8 = 24$

6. HRO–ZT 5640
   (Hansestadt) Rostock
   $5 + 6 + 4 + 0 = 15$

7. D–LK 9128
   Düsseldorf
   $9 + 1 + 2 + 8 = 20$

8. P–IP 3784
   Potsdam
   $3 + 7 + 8 + 4 = 22$

Schreibe die Ergebnisse in die richtige Reihenfolge und fange mit der kleinsten Zahl an! Dann schreibe die Städte in alphabetischer Reihenfolge auf!

Futtersuche

Welches Tier frisst welches Futter?
Verbinde immer ein richtiges Paar mit einem Strich!

Panda

HEU

Giraffe

INSEKTEN

Eichhörnchen

Igel

BLÄTTER

NÜSSE

Schildkröte

Affe

OBST

BAMBUS

LÖWENZAHN

Pferd

Lösung auf der nächsten Seite

Male eine Giraffe, die sich gerade Blätter aus der Baumkrone holt!

Ferienkreuzworträtsel

Löse das Kreuzworträtsel, indem du die Begriffe für die Bilder an die richtige Stelle einträgst!

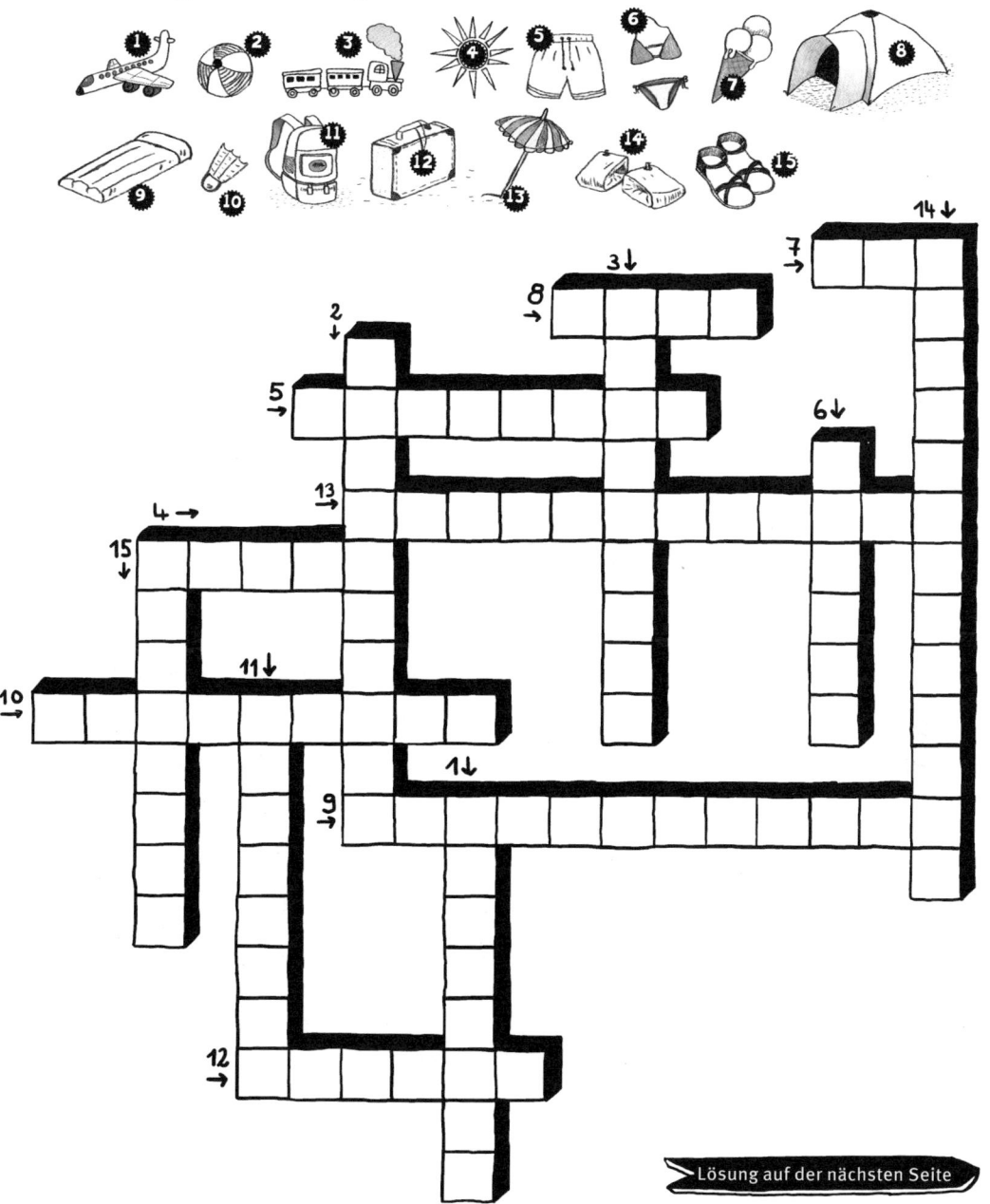

Lösung auf der nächsten Seite

Lösung:

Male deine Trauminsel!

Muster zeichnen

Dir ist langweilig? Dann zeichne die Muster weiter und male sie bunt aus!

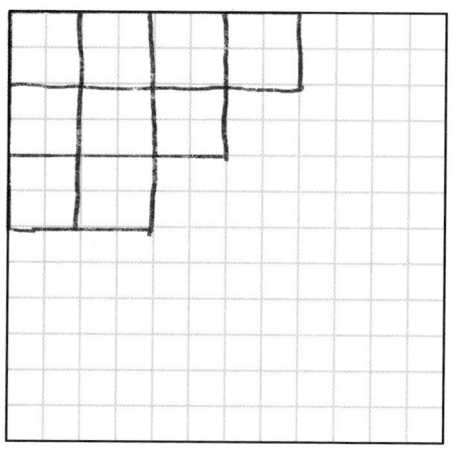

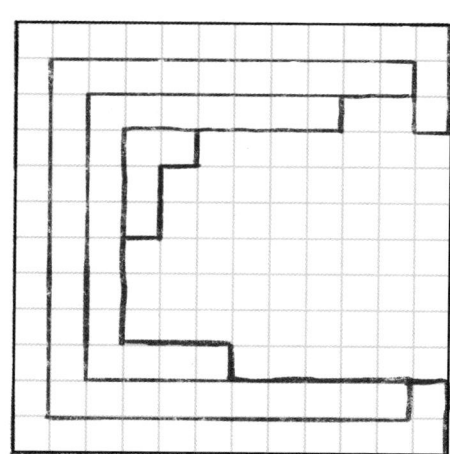

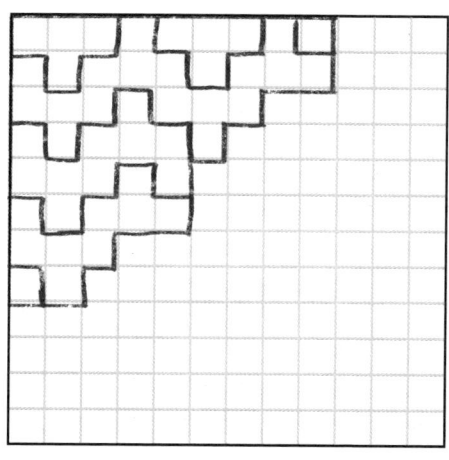

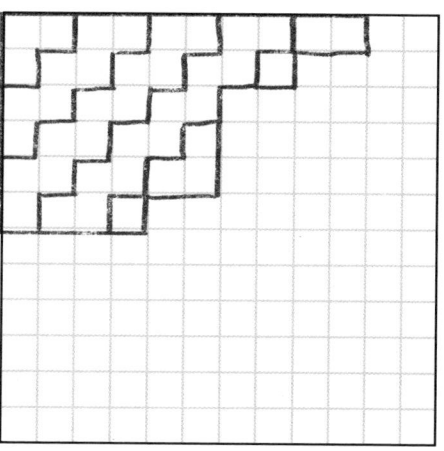

Schiffe versenken

Alle Mann an Bord!

Jede Person markiert auf ihrem Spielplan die Lage ihrer Schiffe.
Die Kreuze können senkrecht oder waagerecht liegen. Zwischen
den Schiffen muss mindestens ein Kästchen Abstand sein.

xxxxx ➤ **Frachter**

xxxx ➤ **Segelschiff**

xxx ➤ **Schlepper**

xx ➤ **Barkasse**

Feuer frei!

Gegenseitig werden die Felder abgefragt, zum Beispiel A5.
Der oder die Beschossene sieht auf den eigenen Plan und antwortet
mit „Wasser", „Treffer" oder „versenkt". Ein Schiff ist dann versenkt,
wenn alle Felder des Schiffes getroffen wurden. Gewonnen hat die Person,
die zuerst alle Schiffe des oder der anderen versenkt hat.

Beispiel:

	1	2	3	4	5	6	7	8	9	10	11	12
a	X	X	X	X	X							
b												
c							X					
d							X				X	X
e							X					
f							X					
g												
h												
i		X	X	X								
j												
k												
l												
m												

Hinweis:

Mehrere Spielvorlagen findest
du auf den nächsten Seiten.

Schiffe versenken
Person 1

1.

	1	2	3	4	5	6	7	8	9	10	11	12
a												
b												
c												
d												
e												
f												
g												
h												
i												
j												
k												
l												
m												

	1	2	3	4	5	6	7	8	9	10	11	12
a												
b												
c												
d												
e												
f												
g												
h												
i												
j												
k												
l												
m												

2.

	1	2	3	4	5	6	7	8	9	10	11	12
a												
b												
c												
d												
e												
f												
g												
h												
i												
j												
k												
l												
m												

	1	2	3	4	5	6	7	8	9	10	11	12
a												
b												
c												
d												
e												
f												
g												
h												
i												
j												
k												
l												
m												

Schiffe versenken

3.

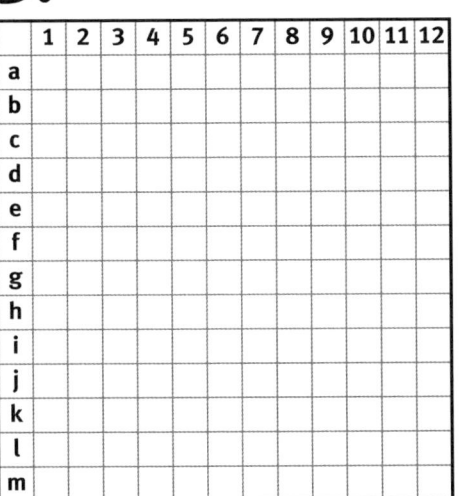

4.

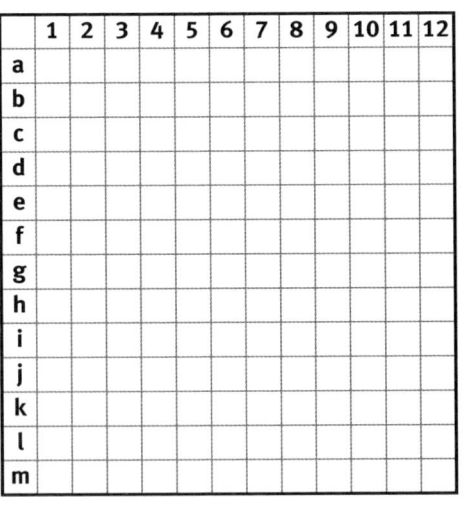

Schiffe versenken
Person 2

1.

	1	2	3	4	5	6	7	8	9	10	11	12
a												
b												
c												
d												
e												
f												
g												
h												
i												
j												
k												
l												
m												

	1	2	3	4	5	6	7	8	9	10	11	12
a												
b												
c												
d												
e												
f												
g												
h												
i												
j												
k												
l												
m												

2.

	1	2	3	4	5	6	7	8	9	10	11	12
a												
b												
c												
d												
e												
f												
g												
h												
i												
j												
k												
l												
m												

	1	2	3	4	5	6	7	8	9	10	11	12
a												
b												
c												
d												
e												
f												
g												
h												
i												
j												
k												
l												
m												

Schiffe versenken

3.

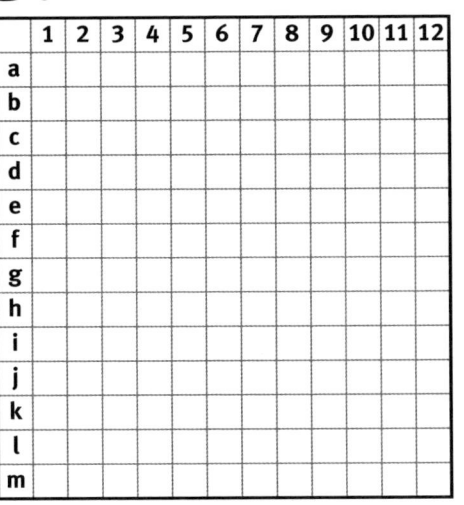
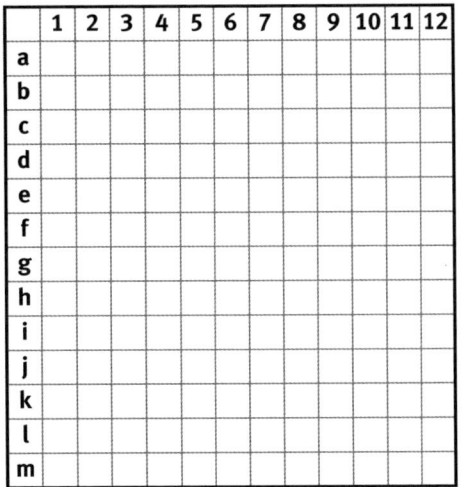

4.

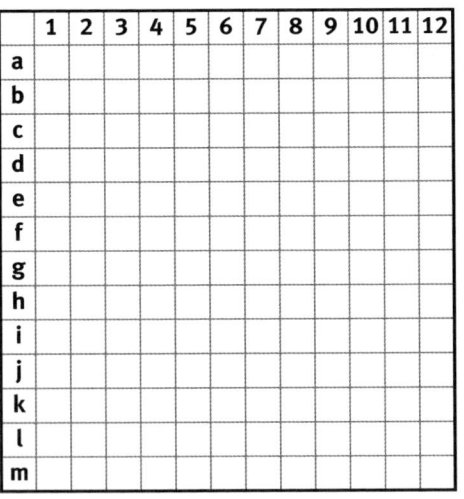

	1	2	3	4	5	6	7	8	9	10	11	12
a												
b												
c												
d												
e												
f												
g												
h												
i												
j												
k												
l												
m												

Blume – Name – Tier

Das Spiel wird wie „Stadt-Land-Fluss" gespielt. Eine Person ruft laut „A" und sagt danach weiter das Alphabet im Kopf auf, bis eine andere Person „Stopp!" ruft. Mit diesem Buchstaben muss nun für jede Spalte ein Begriff gefunden werden. Wer zuerst alle Spalten ausgefüllt hat, ruft „Halt!" und die anderen hören auf zu schreiben. Nun wird abgeglichen und es werden Punkte vergeben.

BEISPIEL:

BLUME/PFLANZE	NAME	TIER	FARBE	BERUF	SPORTART	GEGENSTAND	PUNKTE
Butterblume	Bastian	Biene	Blau	Bauarbeiter	Basketball	Buch	

PUNKTE

0	PUNKTE – leeres Feld
2	PUNKTE – für einen erfundenen Begriff, der gut passt
5	PUNKTE – für ein Wort, das auch eine andere Person gewählt hat
10	PUNKTE – für einen Begriff, den sonst niemand hat
20	PUNKTE – wenn nur dir in dieser Spalte etwas eingefallen ist

Blume – Name – Tier

BLUME/PFLANZE	NAME	TIER	FARBE	BERUF	SPORTART	GEGENSTAND	PUNKTE

Blume – Name – Tier

BLUME/PFLANZE	NAME	TIER	FARBE	BERUF	SPORTART	GEGENSTAND	PUNKTE

Blume – Name – Tier

BLUME/PFLANZE	NAME	TIER	FARBE	BERUF	SPORTART	GEGENSTAND	PUNKTE

Schere, Stein, Papier

Dieses Spiel kennt man auch unter „Schnick, Schnack, Schnuck"
oder „Schnibbeln". Man braucht nur die Hände dafür. Bevor eine
Runde losgeht, müssen sich beide Spieler *innen für ein Symbol
entscheiden:

Dann werden die Hände zur Faust geballt und beide rufen:
„Schere, Stein, Papier!" Beim „Papier" zeigen die Hände das ausgesuchte
Symbol. Wer das mächtigere Symbol hat, gewinnt die Runde. Wenn sich
beide für dasselbe entschieden haben, wird noch mal gespielt.
Möglichkeiten:

Schere schneidet Papier ➤ Schere gewinnt
Papier wickelt Stein ein ➤ Papier gewinnt
Stein macht die Schere stumpf ➤ Stein gewinnt

Teekesselchen

In diesem Spiel wird ein Wort beschrieben, das mindestens zwei
Bedeutungen hat.

Die erste Person umschreibt ein gesuchtes Wort (z. B. Blatt: Blatt vom
Baum und Blatt Papier) so: „Mein Teekesselchen ändert im Herbst seine
Farbe" und „Auf mein Teekesselchen kann man malen und schreiben".
Die anderen Spieler*innen dürfen nachfragen. Die Fragen dürfen nur mit
ja oder nein beantwortet werden. Wer das Wort errät, darf sich ein neues
Teekesselchen ausdenken.

Fliege
➧Tier,
Krawattenart

Schlange
➧Tier,
Warteschlange

Läufer
➧Sportler,
kleiner Teppich

Erde
➧Weltkugel,
Gartenerde

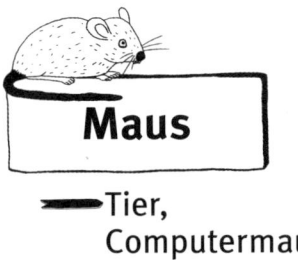

Maus
➧Tier,
Computermaus

Verkehrszeichen-Bingo

Immer wenn jemand auf der Reise eines der Verkehrsschilder sieht, ruft er oder sie laut: „Bingo!" und darf dieses Symbol auf dem eigenen Zettel durchstreichen. Gewonnen hat, wer zuerst alle 4 Schilder einer Reihe (waagerecht, senkrecht oder diagonal) durchgestrichen hat.

Beispiel

1. Runde, Person 1

2. Runde, Person 1

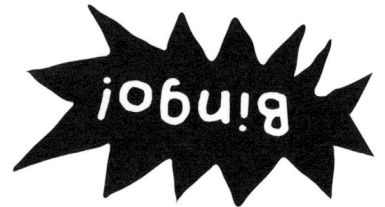

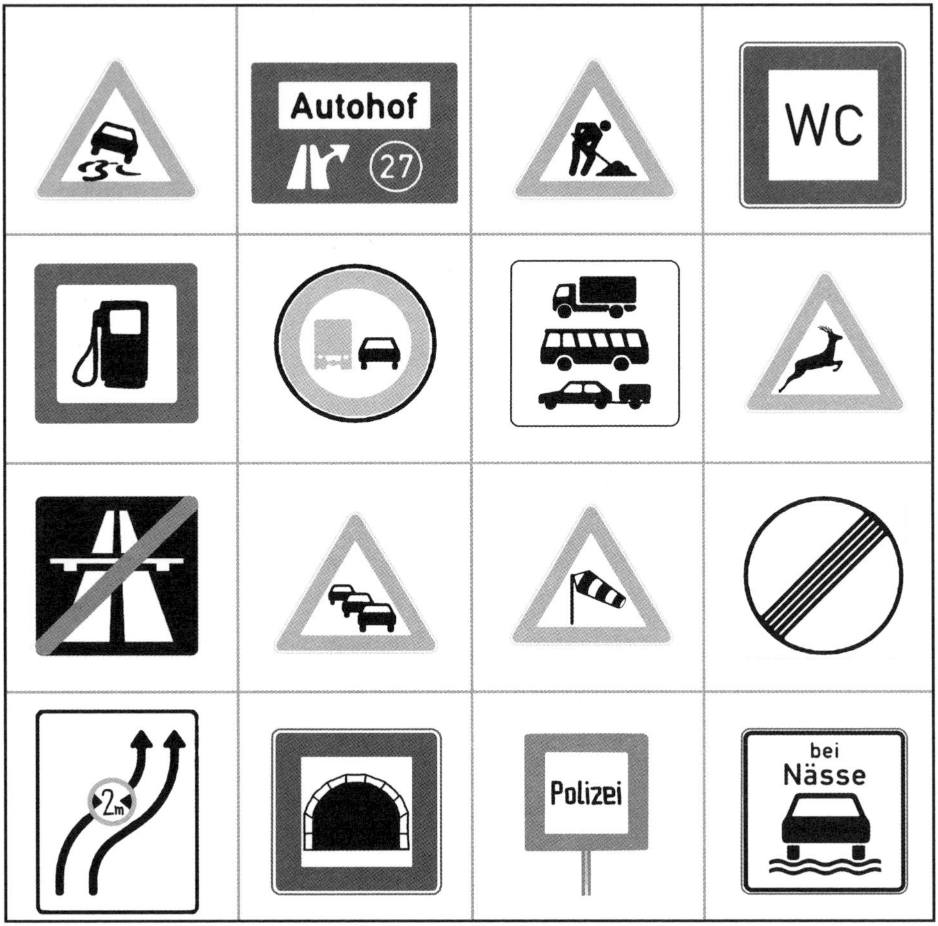
Autohof
27
WC
2m
Polizei
bei
Nässe

Bingo!

Bingo!

Wort-an-Wort

Für dieses Spiel brauchst du mindestens eine andere Person.
Der oder die Jüngere fängt an und sagt ein Hauptwort. Eine andere Person
hängt an dieses Hauptwort ein anderes Hauptwort an, so dass sich
ein neues Wort ergibt. Der erste Spieler bildet aus dem zweiten Teil
und einem neuen Wort wieder ein ganz neues Hauptwort.
Verloren hat die Person, der innerhalb von 20 Sekunden kein
neues Wort einfällt.

BEISPIEL:
SCHULE — SCHULKLASSE
BILD — BILDERRÄTSEL

Es ist erlaubt, einen oder zwei Buchstabe einzuschieben oder zu
entfernen, um ein neues Wort bilden zu können.

BEISPIEL:
HAUS — HAUSDACH — DACHBODEN — BODENTÜR —
TÜRSCHLÜSSEL — SCHLÜSSELRING — ...

Hier hast du ein paar Hauptwörter, die sich für den Anfang eignen:

TASCHE   **WALD**   **TISCH**

BLUME   **BAUERN**   **BRIEF**

BUCH

FILM   **SONNE**

TELEFON

Galgenmännchen

Zwei Personen denken sich ein Wort mit mindestens 6 Buchstaben aus und schreiben für jeden Buchstaben einen Unterstrich. Jetzt werden abwechselnd Buchstaben geraten. Kommt der Buchstabe im Wort des anderen vor, muss dieser ihn an die richtige Stelle auf die Linie schreiben, auch mehrmals.

Achtung: Für jeden falschen Buchstaben wird dem eigenen Galgenmännchen ein Strich hinzugefügt. Verloren hat, wessen Galgenmännchen (17 Striche) zuerst fertig ist. Wer errät das Wort zuerst?

Regeln: ß = ss, ä, ö, ü sind eigene Buchstaben
Tipps: Erfrage zuerst die Vokale a-e-i-o-u. Streiche die Buchstaben durch, die du beim Gegner erfragt hast.

A B C D E F G H I J K L M N O P Q R S T U V W X Y Z Ä Ö Ü

Platz für Galgenmännchen

A B C D E F G H I J K L M N O P Q R S T U V W X Y Z Ä Ö Ü

A B C D E F G H I J K L M N O P Q R S T U V W X Y Z Ä Ö Ü

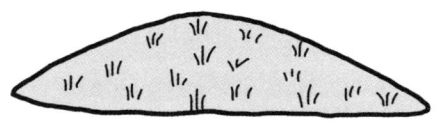

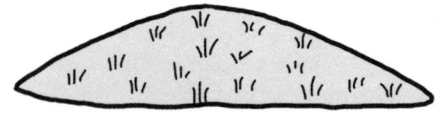

Platz für Galgenmännchen

A B C D E F G H I J K L M N O P Q R S T U V W X Y Z Ä Ö Ü

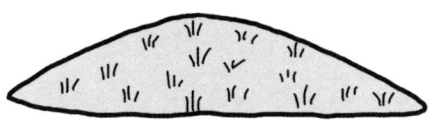

A B C D E F G H I J K L M N O P Q R S T U V W X Y Z Ä Ö Ü

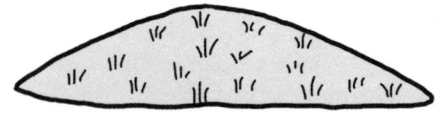

Mein Platz
zum Kritzeln, Schreiben, Malen, Rechnen!

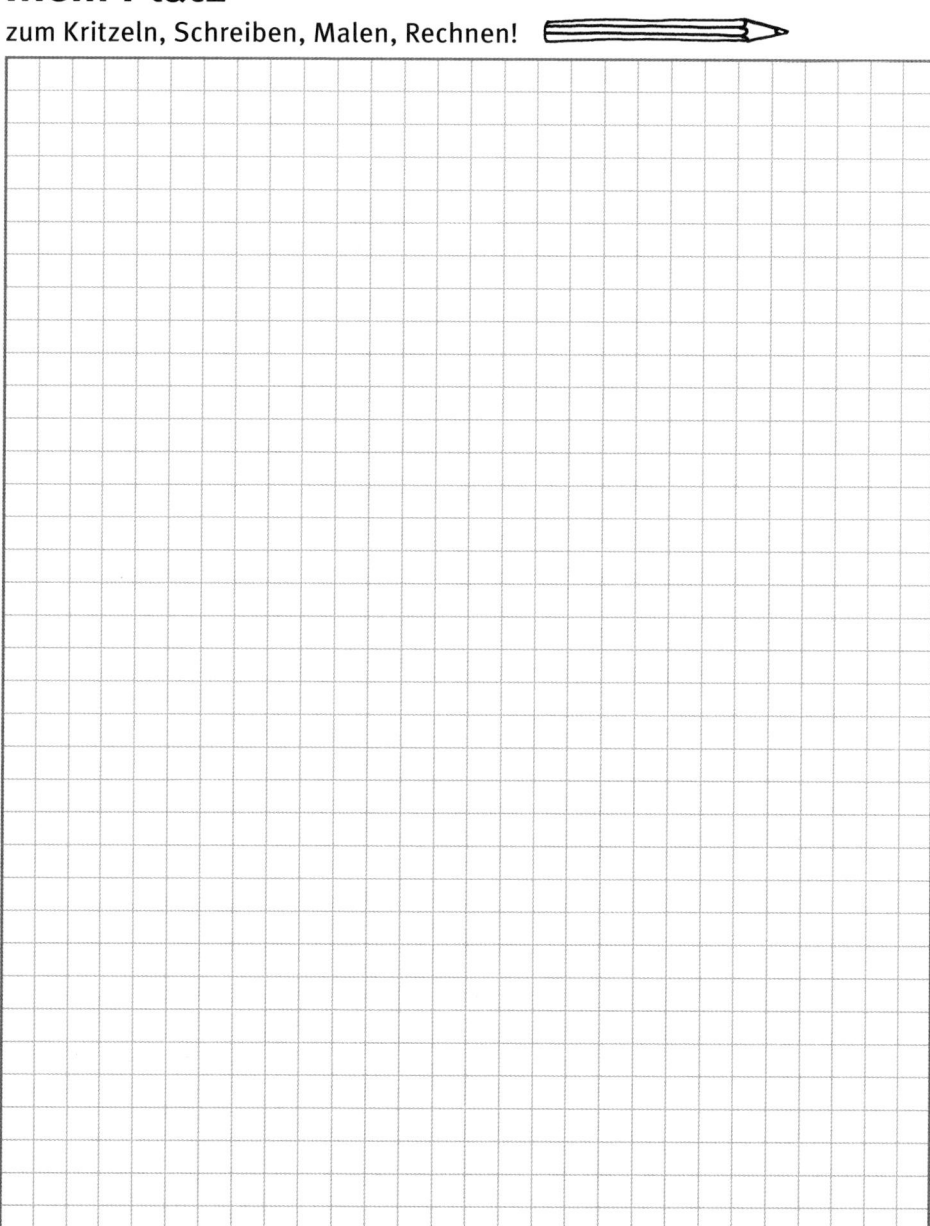

Mein Platz
zum Kritzeln, Schreiben, Malen, Rechnen!

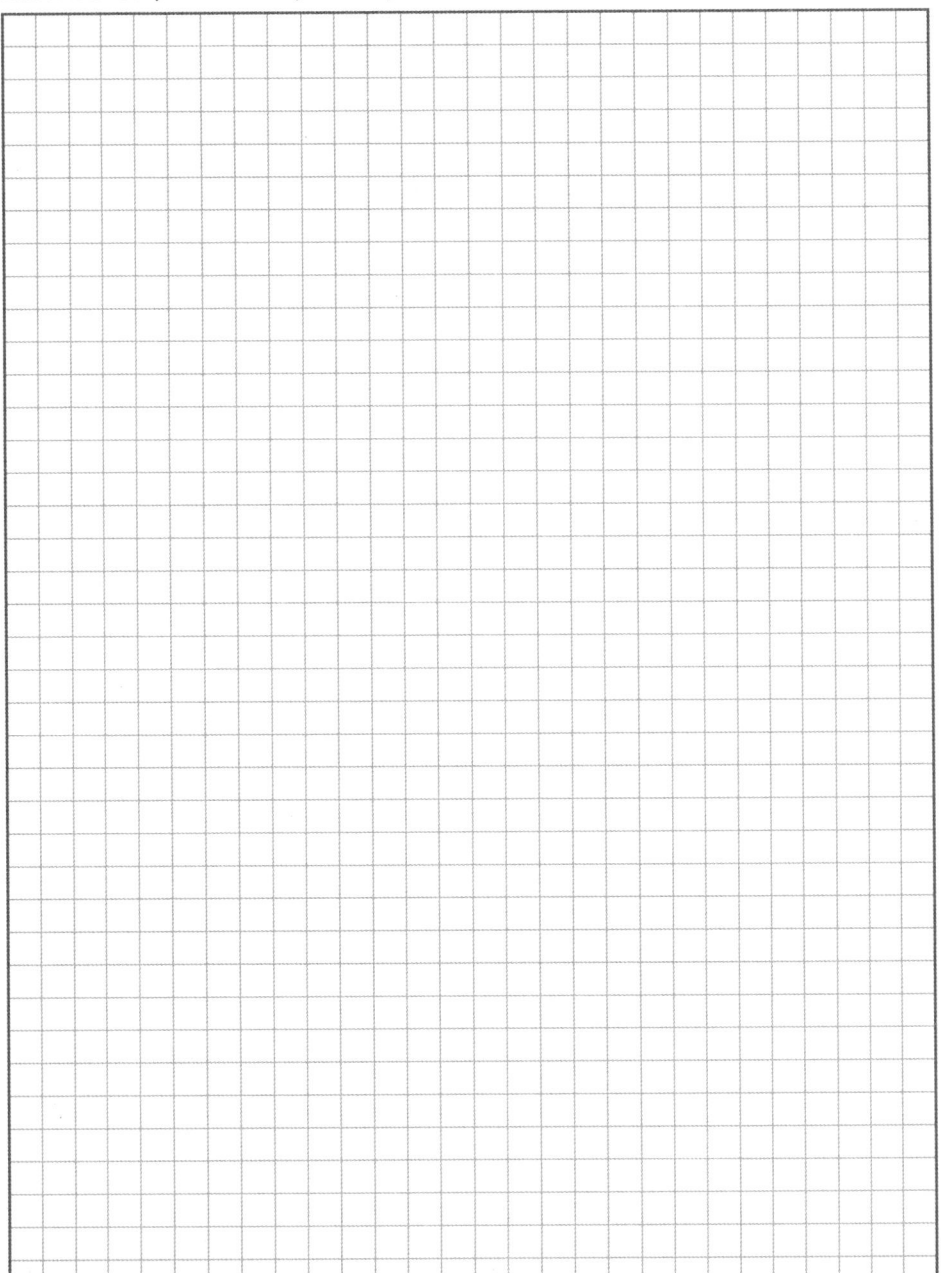